道徳形而上学の基礎づけ

Grundlegung zur Metaphysik der Sitten

Immanuel Kant
イマヌエル・カント
御子柴善之＝訳

人文書院

道徳形而上学の基礎づけ　目次

序文　7
第一章　ふつうの道徳的理性認識から哲学的な道徳的理性認識への移行　23
第二章　通俗的な道徳哲学から道徳の形而上学への移行　53
道徳性の最上原理としての意志の自律　127
道徳性の真正ならざる一切の原理の源泉としての意志の他律　128
他律が根本概念であると想定することに基づいて可能になる、道徳性のすべての諸原理の区分　130
第三章　道徳の形而上学から純粋実践理性の批判への移行　139
自由の概念が意志の自律を解明するための鍵である　139
自由がすべての理性的存在のもっている意志の特性として前提されねばならない　142
道徳性の諸理念に結びついている関心について　144
なんらかの定言的命法がどのようにして可能なのか　154
すべての実践的哲学の極限的な限界について　157
結びの注　171

付録　啓蒙とはなにか　175
解説　195
訳者あとがき　225
索引　238

道徳形而上学の基礎づけ

凡例

一　本書はカントの『道徳形而上学の基礎づけ』（*Grundlegung zur Metaphysik der Sitten*, 1785）の全訳である。注では本書を『基礎づけ』と略記する。

一　訳出に当たっては、次のものを底本として使用した。Immanuel Kant, *Grundlegung zur Metaphysik der Sitten*, Mit einer Einleitung, herausgegeben von Bernd Kraft und Dieter Schönecker, Philosophische Bibliothek 519, Felix Meiner Verlag, Hamburg 1999. この本に注で言及する際にはPhB版と略記する。

一　本文の欄外に付した数字は、アカデミー版全集第四巻のページである。本書の注や解説で、本書の特定の箇所を指示する際には、この数字を用いる。

一　（　）は、原語（ドイツ語、ラテン語）を添える場合を除いて、カント自身による原文中の補足である。

一　〔　〕は、原文の流れを明らかにするために訳者が補った部分である。

一　原文におけるさまざまな強調は、一括して傍点で表現した。ただし、原文がボールド体で強調している場合は、それを太字で表した。

一　原文にないダッシュ（——）を、文脈を明確にするために挿入した場合がある。その場合、特に断りを入れていない。

一　ドイツ語の文法構造からは明確に見て取れるが、日本語では見えにくくなる意味のまとまりを〈　〉で括って表現した場合がある。

一　本書の注で、カントの他の著作を引用・参照する場合、アカデミー版全集の巻数（ローマ数字）とページ数で参照箇所を指示する。

一　奇数ページの左側に掲げた注は、すべて訳注である。

一　注で使用した参考文献は解説に掲げた。

序文

古代ギリシアの哲学は、次の三つの学問に分かれていた。それは、自然学、倫理学、論理学である。[1] この区分は、ことがらの本性に完全に適合しており、改善されるべき点などなにもない。あえて言えば、この区分の原理を付け加えることだけである。そうすることで、一方ではこの区分の完璧さを確かなものとすることになり、また一方では〔諸学問の〕不可欠な下位区分を正しく規定できるようになるだろう。

(1) カントがここで「古代ギリシアの哲学」の名において具体的に念頭においているのは、ストア派である。ディオゲネス・ラエルティオスの『ギリシア哲学者列伝』の第七巻三九に、この箇所と対応した記述が見られる。ディオゲネス・ラエルティオス、加来彰俊訳『ギリシア哲学者列伝』(中)、岩波文庫、一九八九年、二三七頁。この書き出しの意味は、カントが、自然学と倫理学とを峻別し、後者の根拠を人間本性(人間の自然)に求める態度を峻拒しようとしているのだと解することができる。他方、カントは或る「論理学講義」(一七八二年)で、道徳学においてて自分たちが「古代ストア派よりも少しも進んでいない」と記している(Klemme, S. 15)。

一切の理性認識は、質料的であってなんらかの客観を考察するものであるか、それとも形式的であって、さまざまな客観を区別することなく、もっぱら悟性や理性自身の形式ならびに思考一般の普遍的規則を扱うものであるかのいずれかである。形式的な哲学とは論理学のことである。他方、質料的な哲学には明確な諸対象があり、その諸対象やそれが従っている諸法則を扱うが、この哲学はさらに二つに分かれる。というのは、〔この哲学が扱う〕諸法則が、自然の法則であるか自由の法則であるか、そのいずれかだからである。自然の法則を扱う学問とは自然学のことであり、自由の法則の学問は倫理学である。前者は自然論[2]とも、後者は道徳論[3]ともよばれる。

論理学は経験的な部門を、すなわち、そこでは思考の普遍的で必然的な諸法則が経験に由来する諸根拠に基づくことになるような部門を、もつことができない。というのは、論理学がそうした部門をもつなら、それは〔もはや〕論理学ではないからである。論理学とは、悟性あるいは理性にとっての規準であり、しかも、この規準は一切の思考において妥当し実行されねばならない。それに対して、自然的な哲学も道徳的な哲学も、それぞれその経験的部門をもつことができる。なぜなら、前者は、経験の対象としての自然に対して、また後者は、自然によって触発される限りでの人間の意志に対して、その諸法則を規定しなくてはならないからである。〔いずれも法則だが、〕前者の諸法則は、それに従って一切のことが生じる諸法則であり、後者の諸法則は、それに従って一切のことが生じるべき諸法則である。もっとも後者の場合はさらに、生じるべきことをしばしば生じなくさせる諸条件の吟味をも伴なっている。

一切の哲学は、それが経験を根拠とする限りで、経験的とよぶことができるが、他方、もっぱらア・プリオリな諸原理に基づいてみずからの学説を述べるなら、純粋哲学とよぶことができる。純粋哲学は、それがたんに形式的である場合、論理学のことである。他方、純粋哲学が悟性の特定の諸対象に制限されている場合、形而上学のことである。

このようにして二通りの形而上学の理念、すなわち自然の形而上学と道徳の形而上学の理念が成立する。こうしてみると、自然学は経験的部門をもつとともに、合理的部門をもつことになるだろう。倫理学も同様である。ただし、倫理学の場合、経験的部門は特別な名称を与えるなら実践的人間学のことになるだろうし、合理的部門の方がほんらいの意味で道徳学のことになるかもしれない。(4)

(2) ここで「自然論」と訳した原語は Naturlehre である。他方、「自然学」の原語は Physik である。両者に意味の違いはなく、前者はドイツ語固有の表現であり、後者はギリシア語由来の表現である。ここでの「自然学」は、生命現象をもその対象として含んでいる点で、「物理学」とは訳せない。

(3) ここで「道徳論」と訳した原語は Sittenlehre である。Sitte(複数形は Sitten)を「道徳」と訳すべきかどうかは諸家の意見の分かれるところである。本訳書では表題を『道徳形而上学の基礎づけ』としたが、この表題に含まれる道徳は Sitten である。この表現をめぐる事情については「解説」を参照のこと。

(4) ここは原文では接続法Ⅱ式で蓋然性を込めて書かれていて、確定的な表現になっていない。実際、ここでは暫定的に倫理学の一部門(合理的部門)として道徳学が位置づけられているが、後年の『道徳形而上学』では道徳学の方が倫理学の上位概念として位置づけられている。両者の相違は、後者では法義務が視野に入っていて、道徳学のもとに法義務が位置づけられることに由来する(VI 242)。

すべての職業、手工業、技巧は分業によって成功を収めてきた。分業することで、一人がすべてのことを行うのでなく、各人が自己制限をして、取り扱い方の点で他の仕事とはっきり異なる特定の仕事に携わることで、その仕事をこのうえなく完全にそしてより容易に成し遂げることができるからである。仕事がこのように区分されて分担されていないところ、つまり、各人がなんでも屋のところでは、職業はいまだひどく野蛮なままである。〔この観点からすると〕純粋哲学はそのすべての部門でその専門家を必要としているのではないだろうか、また、聴衆の好みに合わせて経験的なものと合理的なものとを自分自身にも分かっていないままにいろいろな割合で混ぜて売ることを常としている人々――このような人々は自分のことを思索者と称し、他方、もっぱら合理的な部門を調合している人たちを空論家とよぶ(5)――に対して、まったく扱い方の異なる二兎を追わないようにせよ、〔もしそういうことをすれば〕その二種類のそれぞれの仕事にはきっと固有の才能が必要なのだから、それをひとりの人格で結合してもろくなものにならないぞ、という警告を行うなら、学術的な職業全体のためによりよいのではないだろうか。しかし、たとえこのような問いがそれ自身よく考えてみるに値しないわけではない対象だとしても、それでも私はここで次のことだけを問うことにする。学問の本性は、経験的部門を合理的部門からいつでも慎重に分離して、ほんらいの〔経験的な〕自然学に対して自然の形而上学を、また実践的人間学に対して道徳の形而上学を先行させるように要求しているのではないか、と。これらの形而上学からは一切の経験的なものが慎重に取り除かれていなくてはならないだろう。それによって、純粋理性が双方の領域でどれほどのことを成し遂げることができるのか、また、純粋理性自身がどのような源泉からこの〔形而上学という〕

みずからのア・プリオリな教説を汲み取って来るのかを知ることができるからである。付言するなら、この後者の仕事〔道徳の形而上学〕が、道徳論者総出（その名前はレギオン〔大ぜい〕である）[6]で行われようと、それを天職と感じる少数の者によって行われようと、それは問題ではない。

ここで私がほんらい意図しているのは道徳的な哲学なので、私は上記の問いを次のものだけに限定しよう。すなわち、もっぱら経験的であろうし人間学に属するようなすべてのものを完全に取り除いた純粋な道徳哲学を一度は論じてみることが、このうえなく必要なことだと思われないかどうか、と。というのは、純粋な道徳哲学があるに違いないということは、義務や道徳的諸法則のふつうの理念からもおのずから明らかだからである。以下のことは誰もが認めざるを得まい。〔まず〕ある法則が道徳的に、言い換えれば、拘束力の根拠として、妥当すべきであるなら、その法則は絶対的な必然性を伴っていなければならない。〔次に〕嘘をつくべきではない、という命令は、およそ人間にだけ妥当し他の理性的存在はそれを無視できるというようなものではない。他の一切の諸道徳法則も、それがほんとうに道徳法則であるなら、同様である。したがって〔さらに〕、ここでは拘束力の根拠が、人間の自然本性[7]や、人間がそこに置かれている世界内の諸事情に求められてはならず、むしろア・プリオリにもっぱら純粋理性の諸概念の中に求められねばならない。〔最後に〕

（5）ここでは「思索者（Selbstdenker）」と「空論者（Grübler）」とが対比されている。

（6）「その名前はレギオンである」という表現は、『マルコによる福音書』五・九に由来する。この「レギオン」という言葉には、カントの批判的な視点が表現されている。

たんなる経験の諸原理に基づいているどのような他の指図も、さらには特定の観点からは普遍的な指図もまた、それらが最小の部分において――ひょっとすると行為の根拠だけのことでも――経験的な諸根拠に立脚している限り、たしかに実践的規則のことではあり得るが、けっしてなんらかの道徳的法則のことではあり得ない(9)。

このように、すべての実践的認識の下で、道徳的諸法則とその諸原理は、なんらか経験的なものを含む他の一切の実践的認識から本質的に区別されるのみならず、すべての道徳哲学はその純粋な部門に全面的に基づいているのであり、またそれが人間に応用される場合には、人間についての知見(人間学)からいささかも借りてくることなく、むしろ理性的存在としての人間にア・プリオリな諸法則を与えるのである。もちろんア・プリオリな諸法則であっても、さらに経験によって磨かれた判断力を必要とするが、それは或る部分では、そうした諸法則がどのような場合に適用されるかを判別するためであり、他の部分では、そうした法則を人間の意志に受け入れさせ法則を実行へと勢いづけるためである(10)。というのは、人間は、それ自身たいへん多くの傾向性(11)に触発されるものとして、なるほど実践的な純粋理性の理念をもつことができるものの、しかしその理念を自分の生きざまにおいてたやすく具体的に実現できるほどの能力はもっていないからである。

したがって、なんらかの〈道徳の形而上学〉が〔道徳哲学にとって〕必要不可欠であるが、それは、〔形而上学にふさわしい〕思弁によって、私たちの理性のうちにア・プリオリに存する実践的諸原則の源泉を探究しようという根拠に基づいているだけではない。それはまた、道徳の正しい判定のための手引きと最上の規範が欠けている限り、道徳それ自身がさまざまなかたちで堕落したままに

留まることになるからである。というのは、およそ道徳的に善であるべきことにおいては、それが

（7）ここで「自然本性」と訳した単語（Natur）は「自然」とも「本性」とも訳すことができる。以下、主として本性という意味をもつ場合に、「自然本性」と訳す。

（8）ここで「行為の根拠」と訳した原語はBewegungsgrundである。これは後で明確な輪郭を与えられる用語である。すなわち、「動機」概念との対比において、「欲求作用の主観的根拠が動機であり、意志作用の客観的根拠が行為根拠（Bewegungsgrund）である」（本書一〇一頁、427）とされる。Bewegungという単語には運動や行動という意味があるが、行為という限定された意味はない。しかし、ここでは意志作用における動きが問題になっているので、あえて行為という訳語を採用することにした。以下、この単語は「行為根拠」と訳す。なお、Bewegungs-Grundという表現は、ヴォルフの『ドイツ語倫理学』（一七二〇年）の§6や§7にも見られる。（Klemme, S. 29）

（9）この段落には、「道徳法則（Sittengesetz）」と「道徳的法則（moralisches Gesetz）」という表現が見られる。両者については暫定的に次のように理解する。前者は哲学的反省の対象として前提されている記述的な概念であり、後者は哲学的反省を経て、規範としての正当性を保証された概念である、と。（言い換えれば、Sittengesetzには、世間的には通用しているが、純粋理性の概念に根差しているとは言えないものがあるということになる。）なお、同じこの段落で、「拘束力」と訳した原語はVerbindlichkeitであり、「指図」と訳した原語はVorschriftである。ある法則がそれ自身、拘束力の根拠である場合、それが「道徳的法則」である。他方、指図は経験に基づく原理を根拠とするものにすぎない。この「拘束力」こそが道徳哲学の中心概念であるという了解が、当時の哲学者にあったことをクレメが指摘している（Klemme, S. 28）。
　また、カントがこの段落で示唆している「特定の観点からは普遍的な指図」は、自己幸福の追求を根拠とするものである。彼は、一方で、人間は誰しも（普遍的に）自分の幸福を願っていると考え、他方で、各人の幸福観は当人の（特定の）経験と無関係ではあり得ないと考えているからである。

道徳的法則に適っているだけでは不十分であり、それがまた道徳的法則のゆえに行われるのでなければならないからである。そうでないなら、前者の〔道徳的法則との〕適合性はきわめて偶然的で不確かであるにすぎない。なぜなら、不道徳な根拠は、たしかにときには法則に適った行為を生み出すだろうが、しかし往々にして法則に反した行為を生み出すだろうからである。他方で、道徳的法則をその純粋性と真正性（まさに実践的なことにおいては、これらが一番重要なのだが）において見るなら、そうした道徳的法則は純粋哲学以外のどこにも求められ得ない。こうして、この純粋哲学（形而上学）が〔道徳哲学に〕先行しなければならないのであり、これなくしてはいかなる道徳哲学も存在できないのである。かの純粋な諸原理を経験的諸原理に混ぜてしまうような道徳哲学は、哲学の名前に値すらしないし（というのは、哲学は、ふつうの理性認識がまぜこぜのままに把握していることを輪郭のはっきりした学問のかたちで述べるという点で、ふつうの理性認識から区別されるのだから）、ましてや道徳哲学の名に値しない。なぜなら、そうした道徳哲学は、まさにその混合によって、ついには道徳そのものの純粋性を傷つけ、自分自身の目的に反することになるからである。

だが、けっして次のようには考えないでもらいたい。ここで〔純粋哲学の名において〕要求されているようなことは、有名なヴォルフ[13]が書いた道徳哲学の予備学において、すなわち彼がよぶところの一般実践哲学で、すでに成し遂げられているので、ここでまったく新しい領野が開かれることなどあり得ない、と。まさにあの予備学はひとつの一般実践哲学であろうとしているがゆえに、なんであれ特殊なあり方をした意志を考察することがなかった。ここで特殊な意志とは、たとえば、経験的な行為根拠など一切なしに、ア・プリオリな諸原理に完全に基づいて規定される意志のことであり、純粋意志とよばれ得るであろうような意志のことである。[14] むしろ、あの予備学が考察したのは意志作用一般と、それに一般的な意味で帰属する一切の諸行為と諸条件とである。この点で、

（10）「それは或る部分では、そうした諸法則がどのような場合に適用されるかを判別するためであり、他の部分では、そうした法則を人間の意志に入り込ませ実行へと勢いをつけるためである」という表現の前半は容易に理解できる。道徳的諸法則が複数である以上、具体的な場面でどの法則で自分を義務づけるかを判断できるようになるには、経験的な修練が必要だからである。しかし、この表現の後半には検討が必要である。この部分を、経験的な判断力こそが、徳における判定原理や執行原理になるのだと読むなら、カントの所説全体との整合性が揺らいでしまう。これはむしろ、具体的に遂行される道徳教育のことを指しているのではないか。『実践理性批判』の「純粋実践理性の方法論」を参照。

（11）「傾向性（Neigung）」はカント倫理学において、きわめてしばしば言及される概念である。それはたんなる欲望ではなく、〈習慣化した欲望〉である。傾向性は、習慣性を帯びていることで一種の行為原則となり、それが、理性に由来する行為原則としての道徳的法則との対比・対決を構成するのである。

（12）ここで「道徳的法則のゆえに（um desselben willen）」とは、道徳的法則が命じることが、まさにそれゆえに行われるということである。たとえば、ある人が〈嘘をつかない〉理由を問われて、そもそも〈嘘をつくべきではないから〉と答えるような場合である。

（13）ブレスラウに生まれ、ハレ大学などで教鞭をとったドイツ啓蒙主義哲学の中心的人物、ヴォルフ（Christian Wolff, 一六七九―一七五四）のこと。彼の著作に『数学的方法で書かれた、一般実践哲学（Philosophia practica universalis, mathematica methodo conscripta）』（一七〇三年）や『学問的方法による一般実践哲学（Philosophia practica universalis methodo scientifica pertractata）』（一七三八―三九）がある。この段落は、全体としてヴォルフ批判として論述されていると見ることができる。

あの予備学〔すなわち、ヴォルフの一般実践哲学〕はなんらかの〈道徳の形而上学〉から区別される。——これはちょうど、一般論理学が超越論的哲学から区別されるのと同様である。両者のうち一般論理学は、思考一般のはたらきと規則を提示するが、超越論的哲学はもっぱら純粋な思考の特殊なはたらきと規則を提示する。なお、ここで純粋な思考とは、それによって諸対象が完全にア・プリオリに認識される思考である。——というのは、〈道徳の形而上学〉は、なんらかの可能な純粋意志の理念と諸原理を探究しようとするものであり、人間の意志作用一般のはたらきや諸条件——その大部分は心理学から手にはいる——を探究しようとするものではないからである。あの一般実践哲学において〔一切そのような資格はないはずなのに〕道徳的諸法則や義務について語られているということは、私の主張に対する反論にならない。というのは、あの〔一般実践哲学という〕学問の著者たち(15)は、次の点においても、彼らの学問の理念に忠実だからである。すなわち、彼らは、行為根拠について、〈まさにそうしたものとして完全にア・プリオリにたんに理性によって表象されてほんとうに道徳的である根拠〉を、〈悟性がもっぱら諸経験を比較することによって一般的概念へと高める経験的な根拠〉から区別せず、むしろ、そうした根拠の源泉に注意を向けることなく、〔行為根拠をすべて同種的であると見なすことで〕そうした根拠の総量がより多いかより少ないかだけに従って考察し、それによって拘束力について自分たちの概念を形成するのである。そうした概念がいささかも道徳的でないのはもちろんだが、それでもそれは、ある哲学が一切の可能な実践的概念の根源について、そうした概念がア・プリオリに成立するのかそれともたんにア・ポステリオリに成立するのかをまったく判断しないなら、そうした哲学にはそこまでしか要求できないようかな概念になっている。

さて、いつかはなんらかの〈道徳の形而上学(16)〉を刊行することを意図しつつ、私はこの〈基礎づけ(17)〉を先行させる。もちろん、〈道徳の形而上学〉の基礎はほんとうのところ〈純粋実践理性の批判(18)〉をおいて他には存在しない。これは、〈〔自然の〕形而上学〉に向けてすでに『純粋思弁理性の批判(19)』が刊行されたのと同様である。しかしながら、一方で、〈純粋実践理性の批判〉は〈純粋思

---

(14) カントは教授就任論文『可感界と可想界の形式と原理』（一七七〇年）の§7で、「道徳的概念」は純粋知性によって認識されるとしつつ、ヴォルフが認識における感性的なものと知性的なものとを截然と区別しなかったことを難じている（Klemme, S. 27f.）。

(15) ここで「著者たち」と複数形になるのは、ヴォルフに加えてバウムガルテン（Alexander Gottlieb Baumgarten, 一七一四―一七六二）などが念頭に置かれているからであろう。後者には著作『実践哲学原論（Initia philophiae practicae primae）』（一七六〇年）がある。カントはケーニヒスベルク大学において道徳哲学を講義する際に、その講義の前半に「一般実践哲学」と題する部分をおき、そのテキストとしてバウムガルテンのこの著作を用いていたことがある。

(16) カントが『道徳の形而上学』を刊行するのは、一七九七年のことである。

(17) ここで〈基礎づけ〉とは、本書『道徳形而上学の基礎づけ』のことである。なお、この書名は『道徳の形而上学の基礎づけ』と訳すことも可能だが、これが「道徳の形而上学」に対する「基礎づけ」の意であることを明らかにするために、「道徳形而上学」という表現を用いることにする。

(18) ここで想定されている書物はやがて『実践理性批判』（一七八八年）として刊行されるが、書名は『純粋実践理性批判』とされなかった。その理由は同書の「序文」で説明されている。

弁理性の批判〉ほどの明確な必然性をもっていない。なぜなら、人間の理性は道徳的なことにおいては――それがきわめてふつうの意味での道徳的なことにおいてさえ(20)――非常な正確さや周到さへと容易に到達できるものの、それに対して人間の理性は理論的でしかも純粋な使用においては、まったく弁証論的(21)だからである。もう一方で、私は〈純粋実践理性の批判〉のために次のことを必要としている。それは、もしその批判を完成しようと思うのであれば、純粋実践理性と思弁理性とがひとつの共通の原理において統一されていることが、同時に示されることができねばならないということである。なぜなら、さすがに究極においては、もっぱら適用において区別されていなければならない同一の理性だけがあり得るからである。しかし、私は本書でそのような完璧さに到達することはできなかった。そうするためには、まったく別様の考察を持ち込まねばならないが、それでは読者を混乱させることになるからである。以上の〔二つの〕ことのゆえに、私は『純粋実践理性批判』という名前に代わって、『道徳形而上学の基礎づけ』という名前を用いることにした。

　それに加えて第三に、なんらかの〈道徳の形而上学〉は、その威圧的な標題にもかかわらず、それでもかなりの程度の通俗性や常識への適合性をもつことができるので、私は、この〔本書の〕ような基礎を準備する作業を〈道徳の形而上学〉から切り分けた方が有益だと思う。準備作業においてはどうしても扱いづらいことを論じることになるが、それを切り分け〔て先に済ませ〕ることで、将来、ずっと分かりやすい学説にそうした扱いづらいことを付け加える必要がないようにできるからである。

　さて、本書『基礎づけ』は、道徳性の最上原理の探究と確定に他ならない。これは、その意図するところにおいてひとつの完結した仕事であり、他の一切の道徳的探究から区別されるべき仕事となっている。なるほど、このような重要でありながらこれまで十分に論じられたというにはほど遠い主要問題にかんする私の諸主張は、その原理を体系全体に適用するならばずっと明確になるだろうし、その原理がいたるところで十全性を明らかにすることによって、おおいに確証されることだろう。しかしながら、私はこの利益を断念しなければならなかった。この利益は、やはり結局のところ、みんなの役に立つよりは自分のためのものになるだろう。なぜなら、ある原理が容易に使用できることや見かけのうえで十全であることは、その原理の正しさをなんら確実に証明するものではなく、むしろなんらかの党派性をよび起こし、その原理をそれだけで、帰結を一切顧慮すること

(19) ここで示唆されている書物は『純粋理性批判』の初版(一七八一年)である。同書が〈純粋思弁理性の批判〉と表現されているのは、直前で言及された〈純粋実践理性の批判〉と対応させられているからである。すなわち、同一の〈純粋理性〉が、「思弁的」あるいは「実践的」に使用されるのである。なお、〈自然の形而上学〉については、やがて『自然科学の形而上学的基礎』(一七八六年)が刊行される。この表題について同書の邦訳者犬竹正幸は、それがニュートンの『自然哲学の数学的諸原理』(初版、一六八七年)を念頭に設定されたものと指摘している。犬竹正幸、「解説」、『自然の形而上学』、カント全集12、岩波書店、二〇〇〇年、二七九頁。

(20) ここで「きわめてふつうの意味での道徳的なことにおいてさえ」と言われるのは、「ふつうの意味での道徳的なこと」に対しては、理性では十分にアプローチできず、具体的な共同体の歴史などを参照する必要があると考える立場が批判的に意識されているからだろう。

(21) 「弁証論的」とは、仮象を産出し見かけで人を欺くという意味である。

なく、まったく厳格に探究し考察することを妨げるからである。

本書で私は、次のように信じて、みずからの方法を採用した。すなわち、最も適切な方法は、ふつうの認識から、そうした認識の最上原理の規定へと分析的に歩みを進め[22]、そしてこの原理の吟味とこの原理の源泉から、その原理が使用されているふつうの認識へと総合的に歩みを戻すことだ、と。その結果、次の区分が設けられることになった。

一、第一章　ふつうの道徳的理性認識から哲学的な道徳的理性認識への移行。
二、第二章　通俗的な道徳哲学から道徳の形而上学への移行。
三、第三章　道徳の形而上学から純粋実践理性の批判への最後の一歩[23]。

（22） この「分析的」な歩みは、以下に示される第一章と第二章とで遂行される（VI 445参照）。ここで「分析的」とは「ふつうの認識」を分析・分解することで「最上原理」を遡行的に取り出すことを意味する。クレメは、この「分析的」方法がカントの同時代人、テーテンスの著作『一般思弁哲学』（一七七五年）にも見られること、「分析的」と「総合的」の対比が、エーベルハルトの『理性の道徳論』（一七八一年）にも見られることを指摘している（Klemme, S. 57f.）。なお、ここに表れる「分析的」と「総合的」との区別は、『純粋理性批判』において判断や命題について導入される区別とは異なり、むしろ『プロレゴーメナ』§5の注で言及される方法における区別と関係している。しかし、アリソンは、後者と『基礎づけ』の行論も同一視できないと指摘している。議論の出発点において与えられているのが、ア・プリオリな総合的命題としての定言命法ではなく、「善い意志」だからである。（Allison, p. 34）。

（23） カントは『純粋理性批判』で「批判」を、「形而上学」に先行しその可能性・不可能性を決定するものと位置づけていた（A XII）。しかし、ここでは「形而上学」から「批判」へという議論進行が設定されている。これは、道徳的認識の最上原理が使用される「ふつうの認識」においてこそ「批判」が必要になることを意味している。最上原理のリアリティーは、そうした具体的な場面でのその適用（「総合的」な歩み）においてこそ問題になり疑問視されるからである。ここには、〈純粋思弁理性の批判〉との事情の相違が表れている。後者の場合には、可能な経験を超えたところで展開される、純粋理性の思弁的使用においてこそ批判が必要なのである。

(393)

第一章　ふつうの道徳的理性認識から哲学的な道徳的理性認識への移行

この世界の中で、いやおよそこの世界の外[24]でも、制限なしに善いと評価され得るものは、ひとりなんらかの善い意志をおいてほかにまったく考えられない。悟性、機知、判断力、そのほか精神の才能[25]とよばれるようなもの、あるいは勇気、果断さ、堅忍不抜であることのような気質[26]の諸性質がさまざまな点で善くまた望ましいものであることは疑いようがない。さて、意志はこうした自然に

(24)「この世界の外」とはいったいどこのことだろうか。カント哲学には、「感性界」と「可想界」という区別や「現世」と「来世」のような区別が見られる。しかし、このような区別を前提にして、「この世界の外」を特定する必要はない。「この世界」（現世）における諸条件と、「制限なしに善い」と評価される「善い意志」の「善さ」とは無関係だということが確認されれば、それで十分である。「およそこの世界の外でも」という表現の挿入には、このような理解を得させる意義がある。

(25)「才能（Talent）」とは、ひとが教えられることなくもっている自然素質のことである。カントは『人間学』§54で、才能に属するものに「機知」を含めつつ、そのほかに「明敏さ」と「独創性」を挙げている（VI 220）。

よって与えられたものを使おうとするものであり、そうであるがゆえに、意志に固有のあり方は性格とよばれる。もしこの意志が善くないなら、これら自然によって与えられたものはひどく悪くも有害にもなり得る。幸運によって与えられたものも、事情はまったく同じである。権力、富、名誉、健康ですら、さらには幸福の名における安寧や自分の状態への満足もまた、〔ひとを〕意気軒昂にするものだが、そこに、そうした幸運の賜物がこころにもたらす影響やそれとともに行為の原理全体を正して普遍的に合目的的であるようにする善い意志が欠けているなら、しばしば〔ひとを〕尊大にもしてしまう。言うまでもないことだが、理性的で公平な観察者[27]が、なんらかの純粋で善い意志の特徴をまったくもたないような者がずっとうまくいっているのを目にするとしたら、それに好印象をもつことなどけっしてあり得ないのであり、このように、善い意志は、幸福であるに値する[28]ことにとってすら、その欠くことのできない条件をなすように思われる。

　さらに、いくつかの性質が、この善い意志そのものを促進することもあるし、この善い意志が仕事を成し遂げるのをたいへん容易にすることもあり得るが、それにもかかわらず、そうした性質はいかなる内的で無条件的な価値ももつことはない。むしろ、そうした性質は依然としてなんらかの善い意志を前提している。そうした性質はふだんは尊重されてしかるものだが、善い意志はこの尊重を制限し、そうした性質がたんてきに善いと評価されることを許さないのである。興奮や熱情を抑制すること、自己を支配すること、冷静によく考えることは、さまざまな点で善いばかりでなく、むしろ人格の内的価値の一部分すら構成するように思われる[29]。しかし、それらを制限なしに善いと言明するには、（それらが古代の人々によってどれほど無条件的に賛美されていたとしても）とても多く

のものが欠けている。というのは、なんらかの善い意志のもっている諸原則なしでは、それらはこ

(26)「気質(Temperament)」は、『人間学』の「人間学的性格論」で論じられている(VI 285ff.)。それによれば、「個人の性格」には、「気性(Naturell)」、「気質」、(狭義の)「性格(Charakter)」がある。最初の二つは自然によって形成されるものであり、最後のものは人間の欲求能力にかかわるものである。その点で、「気質」は、各人がどうあろうとするかを(自由にではなく)自然に基づいて規定するものであると言える。なお、狭義の「性格」は、「気質」と対比される関係にあるとともに、やがてカントが倫理学的思考の中心概念として用いる「格率」概念と不可分である。

(27)「公平な観察者」という用語は、スコットランドの道徳哲学者・経済学者、アダム・スミス(一七二三年—一七九〇年)が『道徳感情論』(初版、一七五九年)で使用している。カントがここでスミスを意識しているかどうかは確定できないが、後年、カントは『道徳形而上学』でスミスの名前に言及している(VI 289)。ただし、その言及は彼の『諸国民の富』(初版、一七七六年)の思想にかんするものである。

(28)「幸福に値すること」という表現は、カント倫理学に一貫した思想を表している。すなわち、善く生きるとは「幸福に値する」ように生きることであり、(主観的に)幸福に生きることでも幸福を目指して生きることでもないという思想である。この「値すること」という表現を導入して、議論を客観的な次元に置き入れる視点もまた、すでにスミスの『道徳感情論』に見られる。

(29)ここでカントは、「興奮や熱情を抑制すること、自己を支配すること、冷静によく考えること」に言及しつつ、それが部分的にせよ人格の内的価値を構成する「ように思われる」と記している。この最後の表現は、最終的にはそうではないことを予期させるものである。あるものがもつ外的な価値は、他のものとの関係に依存しているが、内的な価値はそうした関係を離れている。ここまでの文脈では、それが認められるのは「善い意志」のみである。

の上なく悪いものにもなり得るからであり、また、悪人の冷静さは、当人がそれを欠いている場合に危険で嫌悪に値すると評価されるであろうよりも、悪人をはるかに危険にするのみならず、私たちの目に直接的にもっと嫌悪に値するように映るものにするからである。

善い意志は、それがもたらすものや達成するものによって善いのでなく、なんらかのあらかじめ設定された目的を実現するのに役立つことによって善いのでもなく、ひとり意志作用によって、すなわちそれ自体で善いのであり、それだけで考えみるなら、この意志がなんらかの傾向性のために、いやお望みとあれば、すべての傾向性の総和のために成就できるかもしれない最大限の一切のことよりも、比較を絶してはるかに尊重されねばならない。たとえ運命が特別に苛烈であることによって、あるいは無慈悲な自然がしつらえたものが乏しかったことによって、このような意志にその意図を遂行する能力がまったく欠けていたとしても、つまり、善い意志が最大限努力したとしても、当の意志によってはなんら成果が上がらず、たんに善い意志だけが残るとしても（もちろんこの意志はけっしてたんなる願望ではなく、[30]私たちが行使できる限りのすべての手段をかき集めるのだが）、それでも善い意志は宝石のように、自分の完全な価値を自分自身の中にもっているものとして、それだけで光り輝くであろう。役に立つとかなんの足しにもならないということは、この価値になにも付け加えずこの価値からなにも取り去らない。役に立つということはいわばたんに〔宝石を置くための〕台であり、それが宝石を日々の商取引において扱いやすくしたり、まだ十分な知識のない人々の目を引いたりすることはあるものの、〔宝石に〕詳しい人々に宝石を勧めたりその価値を定めたりすることはないのである。

(395)

しかしながら、たんなる意志が、それを高く評価するにあたっていささかの効用も考慮することなしに、絶対的価値をもつというこのような理念には、なにかたいへん奇異の念を起こさせるものがある。それゆえ、ふつうの理性ですらこのような理念に完璧に同調しているにもかかわらず、それでも次のような疑念が生じざるを得ない。すなわち、もしかするとたんに天《あま》がけるような空想がひそかに〔この理念の〕根拠となっていて、なぜ自然は私たちの意志に理性を統治者として賦与したのかという、自然の意図が誤解されているのかもしれないという疑念である。そこで私たちはこの理念をこうした視点から吟味してみたい。

なにか有機的に組織された存在、言い換えれば、生きることに対して合目的的にしつらえられた存在のさまざまな自然素質には、次のような原則があると私たちは想定している。そうした存在の中になんらかの目的のための道具として見いだされるものは、やはりその目的に対して最もふさわしいものでありその目的に最も適合的なものである、と(31)。さて、理性と意志とをもっているなんらかの存在において、その維持と安寧が、一言で言ってその幸福が、自然の本来の目的であるとした

---

(30) ここでカントは「意志」と「願望（Wunsch）」とを対比している。彼は、「意志」あるいは「選択意志」と「願望」との区別に対してつねに注意を払っている。「願望」とは、その客観を実現するために手段をかき集めるような態度を伴わない欲求のことである。「願望」概念について、カントは『人間学』の§73でやや詳しく論じている。

(31) カントはここで目的論的な思考を行っている。このような思考法は、『純粋理性批判』においても理性概念の統制的使用に基づいて展開されている（A687f./B714f., A826/B854参照）。

なら、自然は、このようなみずからの意図を実現するものとしてこの被造物[32]の理性を選ぶことで、たいへん的外れなことをしたことになるだろう。というのは、このような〔幸福への〕意図をもって被造物が行わねばならないすべての行為や、この被造物の振舞いにおけるすべての規則は、理性によってもいつかはできることに比べて、本能によって当の被造物に対してはるかに正確に指図されていただろうし、かの目的はこの本能によってはるかに確実に実現できただろうからである。また、この恵まれた被造物に対してさらに加えて理性が賦与されるようなことがあるとしても、この被造物にとって理性はただ次のことだけに役立たねばならないものだったことだろう。それは、みずからの自然本性がもっている幸運な素質について考察し、それに感嘆し、それを享受し、その慈しみ深い原因に感謝することだけである。他方、それは、自身の欲求能力を理性の弱くて見せかけばかりの指導に従わせるためでも、自然の意図に下手な手出しをするためでもなかったであろう。一言で言うなら、自然は、理性が実践的使用に出張ってきて、その薄弱な洞察でもって、幸福やそれに至るための手段の構想を自分自身で考えだすという僭越を行わないように予防したであろう。自然は諸目的の選択のみならず、手段の選択をもみずからに引き受け、賢い配慮によってこの両者をもっぱら本能に委ねたであろう。

実際、私たちは次のことにも気づいている。なんらかの開発された理性[33]が、生と幸福とを享受しようという意図とかかわり合えばかかわり合うほど、それだけ人間はほんとうの満足から遠ざかるのであり、このことから、多くの人々において、それも開発された理性を使用する中できわめて多くの試練を経た人々において、そうした人たちがそれを認めるのに十分なくらい率直でありさえすれば、なにほどかのミゾロギーつまり理性嫌い[34]が生じてくる。なぜなら、そうした人々はすべての利益――ここで私の言う利益は、どのような技芸であれ世間的な贅沢をもたらす技芸の発明によって手に入る利益のことではなく、そのうえさらに諸学問（そうした人々にとっては、学問もまたつまるところ悟性の贅沢に見える）によって手に入る利益のことである――を見積もった後で、それでもやはり自分たちが、幸福を手に入れた以上に、実際はより多くの労苦を背負い込んだにすぎないことに気づくからであり、またこのことについて、ついには自分よりふつうに生きている人間たちを、軽視するよりもむしろうらやむようになるからである。ここでふつうに生きている人間とは、たんなる本能の導きの方により近しい関係にあり、自分の理性が自分の行為に対して多くの影響を与え

（32）ここで「被造物」とは、先に言及された「理性と意志とをもっているなんらかの存在」のことである。カントが一七八四年に発表した論文「世界市民的見地における普遍史の理念」の第一命題は「なんらかの被造物の一切の自然素質は、いつかは完璧にそして合目的的に自分を実現するように規定されている」（VIII 18）である。これは、この段落で言及された「原則」と同じことを意味している。また、同論文の第二命題では、「被造物」がただちに「人間」に限定される。

（33）ここで「なんらかの開発された理性（eine kultivierte Vernunft）」とは、学問や技術・芸術によって洗練された理性使用ということである。

（34）「ミゾロギー（Misologie）」はギリシア語のミソロゴスに由来する単語である。たとえば、プラトンは、『パイドン』（89D 以下）や『国家』第三巻（411D）でミソロゴスに言及している。カントは、直後にドイツ語で書き直しているように、「理性嫌い」の意味でこの単語を用いている。

ることを許さないような人のことである。これまでのところで、次のことが認められなくてはならない。幸福と生の満足にかんして理性が私たちにもたらすはずの利益を自慢げに賞賛することに対してたいへん抑制的で、それどころかそうした利益をゼロ以下だとこきおろす人々の判断は、恨みがましいものではなく、あるいは世界統治[35]の善意に対して恩知らずなものではない、と。また、むしろそのような判断の根拠として、理性が現実存在することにはなにか他のずっと尊い意図による理念がひそかに存するのであり、そのような意図に向けて、つまり幸福に向けてではなく、理性はまったく本来的に規定されているのであり、それゆえ、最上の条件としてのそうした意図に対して人間の私的意図はたいがい及ばないに相違ない、と。

　というのは、理性は、意志の諸対象や私たちの一切の必要（理性は部分的にはみずからこの必要を多様にするのだが）の満足にかんして意志を確実に導くには十分に役に立つわけではなく、そうした目的に対しては生まれつきの本能の方がはるかに確実に導いてきたのであろうが、しかし、それでもやはり理性は実践的能力として、すなわち意志に対して影響すべき能力として、私たちに配置されているのだから、理性のほんとうの使命は、なにか他のことを意図する中で手段として善い意志ではなく、それ自体で善い意志を生み出すことに相違ないからである。自然は他のことではみずからの素質の分配においてはあまねく合目的にことを進めてきたのだから、それ自体で善い意志を生み出すためにこそ、たんてきに理性がなくてはならなかったのである。したがって、このそれ自体で善い意志は、なるほど唯一の善やすべての善である必要はないが、それでも最高の善[36]でなければならず、他の一切の善に対する、幸福への一切の要求に対してさえ、条件でなければならない。

このような場合、ひとが次のことに気づくなら、そのことは自然の知恵と実によく合致し得る。それは、前者の無条件的な意図のために必要な理性の開発が、第二のいつでも条件づけられている意図の達成すなわち幸福の達成を、少なくともこの生〔生命・生活・人生〕においてはさまざまな仕方で制限するということ、それどころか幸福を無くもがなのものにさえ引き下ろすことができる、ということである。〔もっとも〕このとき自然は合目的ならざる振舞いをしているわけではない。なぜなら、理性は、みずからの最高の実践的使命がなんらかの善い意志の根拠づけであると認めているのであり、このような意図を達成することで、自分固有のあり方に従って満足することだけは、すなわちこれまた理性だけが規定する目的の実現に基づいて満足することはできるからである。たとえ、このことが、傾向性の諸目的に少なくない中断を生じさせることと結びつくことになるとしても。

(35)「世界統治(Weltregierung)」という言葉は、カントが頻繁に用いるものではない。しかし、たとえば『判断力批判』の§87では「世界統治の最高の知恵」への言及があり、それが「神の栄光」と関係づけられている(V 449)。その点で、この「世界統治」という表現には、読者がその背後に世界創造者としての神を想像することが予期されているだろう。

(36) カントが『実践理性批判』において「最上善」と「最高善」(完全善としての、徳と幸福との結合)とを区別していることは有名である。ここでの「最高の善」をそれと重ねることができるかどうかは不分明である。ここでは目的論的な論述が行われているので、アリストテレス以来の「最高の善」という表現が用いられているにすぎないのかもしれない。

さて、なんらかのそれ自体で尊重されるべきで、さらなる意図なしに善い意志の概念を——この概念はすでにあたりまえの常識に備わっていて、教えられることではなくむしろたんに啓発されることを必要としているようなものだが——、〔言い換えるなら〕、私たちの諸行為がもつ価値全体の評価においてつねに上位に位置し他のすべての価値の条件となっているこの概念を、解きほぐすために、義務の概念をとり上げよう。義務の概念はなんらかの善い意志の概念を、一定のさまざまな主観的な制約や障害のもとにおいてではあるが、含んでいるからである。もっとも、そのような制約や障害は、善い意志の概念を覆い隠したり見分けづらくさせるようなものではまったくなく、むしろそれらと著しい対照をなすことで善い意志の概念を際立たせ、ますます明るく輝きださせるものである。

この際、私は、すでに義務に反していると認識されている一切の行為を、たとえそれがあれこれの意図で有用であるかもしれないとしても、無視する。というのは、そうした行為の場合、もはや義務に反しているのだから、それが義務に基づいて行われたのかどうかなどけっして問題にならないからである。私は次のような行為もまた脇にのけておく。それは、現実には義務に適った行為だが、人間はその行為に対して直接的にいかなる傾向性ももっておらず、それでも人間が、なにか他の傾向性によってそうすることへと駆り立てられるがゆえにそれを実行するような行為である[37]。というのは、そうした行為の場合、その義務に適った行為が義務に基づいて行われたか、それとも自分勝手な意図に基づいて行われたかは、容易に区別できるからである。こうした区別を認めるのがずっと難しくなるのは、行為が義務に適っておりかつ主体がそれに加えてそうすることへの直接的な傾向性をもっている場合である。[38] たとえば、小さな店の店主が、やってきた不慣れな客に不当に高い値段をふっかけないことは、なるほど義務に適っている。また、多くの商品が流通しているところでは、怜悧《れいり》な商人でもそんなことはしない。むしろ、怜悧な商人は一般的な固定価格を誰に対しても維持することで、自分のところでは子どもでも他の人と同じようにうまく買い物ができるようにする。したがって、ひとはごまかしのないサービス[39]を受けてはいる。しかしながら、あの商人がごまかさないという義務や諸原則に基づいてそのように振舞ったと信じるには、これではとうてい不十分である。彼の利益がそうするように要求したのだ。他方、この商人には利益を超えてなお客たちへの直接的な傾向性があるはずで、いわば愛に基づいて価格の点で誰も他人よりも優遇しな

(37)　ここにカント倫理学の中心的な視点のひとつである、「義務に基づいて（aus Pflicht）」と「義務に適った（pflichtmäßig）」との区別が登場する。ただし、この区別の導入には、次の二つの視点が重要である。第一に、この区別は、カント倫理学にとって重要なものでもあるが、それ以前に、ふつうの道徳的理性認識のことがらでもある。というのは、「偽善」ということがらに注意を向ける人は、この区別に留意しているはずだからである。第二に、ここでの区別はより繊細に行われている。すなわち、「義務に基づいて」行われた行為と、「義務に適って」いてしかもそうすることへの傾向性に基づいて行われた行為とが区別されているのである。

(38)　ここでは義務に適った行為について、それが義務に基づいているかどうかを見分けることが容易な場合と容易でない場合が想定されているが、この段落では以下で、見分けることが容易な場合の例が挙げられる。

(39)　「ごまかしがない（ehrlich）」という単語は、後年の『道徳形而上学』で「法的な［行為の］正しさ（rechtliche Ehrbarkeit）」が法義務における「内的義務」として言及されるように（VI 236）、法的な領域における不正のなさを表現している。

いのだと想定することも、この場合はかなわない。このように、〔あの商人の〕行為は、義務に基づいてでも、直接的な傾向性に基づいてでもなく、たんに利己的な意図で行われたのである。

　このような〔見分けやすい〕例に対して、自分の生命を大切にすることは義務であり、その上、誰もがなおそうすることへのなんらかの直接的な傾向性をもっている。大多数の人々はしばしばそのためにたいへん周到な注意を払っているが、しかし、自分の生命を守るためなのだから、そうした注意深さはなんら内的な価値をもたないし、そうした注意深さの格率[40]はなんら道徳的な内実をもたない。そうした人々は、自分の生命をなるほど義務に適って守っているが、義務に基づいて守っているわけではない。これに対して、さまざまなやっかいごとやどうしようもない悲痛が、生きたいという気持ちをすっかり奪い去ってしまったときに、この不運な人が気持ちを強くもって、無気力になったり打ちのめされたりする以上に自分の運命に対して奮起し、死を願い[41]つつもそれでも自分の生命を大切にするなら、すなわち、自分の生命を愛することなく、つまり傾向性や恐れに基づいてではなく、義務に基づいて生命を大切にするなら、そのときその人の格率はなんらかの道徳的な内実をもつのである。

　親切であることは、それができるところでは義務であり、その上、とても思いやりに満ちた人々がそれなりにたくさんいる。そうした人々の思いやりは、虚栄心や利己心というなにか他の行為根拠なしでも、自分のまわりに喜びを広めることに内的な楽しみを見いだすほどのものである。また、そうした人々は、他人の満足を――それが自分によってもたらされたものである限り――楽しむことができる。しかし、私は主張したい。こうした場合、そのような行為は、どれほど義務に適っていようと、どれほど愛すべきものであろうと、それでもなんらほんとうの道徳的価値をもたないのであり、他の傾向性と道連れをなしている。たとえば名誉への傾向性である。この傾向性とともにある行為は、それが実際に公益に資するものであり義務に適っていてそれゆえ名誉に値することに幸運にも的中する場合、賞賛と激励には値するものの、尊重には値しない。というのも、この格率には、そうした行為を傾向性に基づいてではなく義務に基づいて行おうという道徳的内実が欠けているからである。では、次のように仮定してみよう。先に挙げたような慈善家のこころが自分自身の悲痛によって曇らされていて、他人の運命に関わろうという気持ちが跡形もなく消し去られているとする。もっとも当人には、困窮している他者に親切な行いをする財産はある。しかし、当人は自分自身の苦しみにかかりきりになっているがゆえに、他人の苦しみがその人のこころを動かすことはないとしよう。さて、いかなる傾向性もその人に親切を行う気にさせはしないにもかかわらず、まさにその人が、極度になにも感じなくなっている状態から自分をもぎ離し、この行為を一切の傾

（40）カントはここで「格率（Maxime）」という概念を説明もなしに導入する。この「格率」概念は、数頁後に付された注で説明される（本書四一頁、400）。（これは邦訳では「格律」や「準則」のようにも訳される。）ここでこの概念が導入されるのは、見かけ上は同じ行為を、「義務に基づいて」いるものと「義務に適った」だけのものとに区別するためである。この概念とともに、私たちは当該の行為を行う行為者の「行為原理」に注意を向けることになる。これは同時に、当該の行為の背景にある、多様で個別的な事情を離れることでもある（Klemme, S. 69）。

（41）「死を願う」ことと「死を意志する（死のうと思う）」こととは異なる。注30を参照せよ。

向性なしでもっぱら義務に基づいて行うとしよう。このような場合に、親切な行為ははじめてその真正の道徳的価値をもつのである。もうひとつ仮定してみよう。自然がいくらかの人々のこころにそもそもほとんど共感を植え付けなかったとしたら、すなわち、その人が（他の点ではごまかしのない人だが）気質の点では冷たく、他人の痛みに無関心であるとしたら――それはたぶん、その人が自分自身の痛みに対してさえ辛抱強く耐えるという特別の才能を授けられていることで、同じことを他のどんな人にも前提し、あるいはそれを求めさえするからである――つまり、自然がそのような人（この人はおそらく自然の最も低劣な産物ではないだろう）をもともと慈善家になるようには作り出さなかったとしたら、その場合、その人は善良な気質がもつと思われるよりもはるかに高い価値を自分自身に与えるなんらかの源泉がまだ自分のうちにあるのを見いださないだろうか。むろん見いだすのである。まさにそのとき、道徳的であって一切の比較を絶した最高の価値である性格の価値が働き始める。すなわち、その人が傾向性にではなく義務に基づいて親切を行うということが生じるのである。

自分自身の幸福を守ることは義務である（少なくとも間接的には）。というのは、多くの心配事が押し寄せてきてまたさまざまな必要が満たされないままで、自分の状態に満足を欠くことが、義務に違反することへのひとつの大きな誘惑に容易になることがあり得るだろうからである。しかし、ここで義務に目を向けなくとも、すべての人間がすでにおのずから幸福へのきわめて強力で切なる傾向性をもっている。なぜなら、まさにこの〔幸福という〕理念においてすべての傾向性がひとつの総和にまとまるからである。ただし、幸福を求めるための指図は往々にして次のようなあり方をしている。それは、そうした指図がいくつかの傾向性にはなはだしい中断をもたらすものの、それなのに人間は幸福という名のもとにおけるすべての傾向性の満足の総和についてなんら明確で安定した概念を作ることができない、というあり方である。したがって、たったひとつの傾向性が、それがもたらすものについてまたその充足がいつ得られるかについて明確であることで、不安定な理念など圧倒してしまうということがどうしてあり得るのかと驚くには及ばない。また、人間が、たとえば足痛風患者が、美食を享受して、耐えられる限りの苦痛を被る方を選ぶということが、どうしてあり得るのかと驚くにも及ばない。なぜなら、当人は、自分なりに見積もって、この場合は少なくとも、健康であれば幸運が得られるはずだというおよそ根拠のない期待によって、この刹那の享楽を自分から奪うことをしなかったからである。しかし、このような場合、つまり幸福への一般的な傾向性が当人の意志を規定しなかった場合でも、言い換えれば、健康が当人にとってこのような見積もりにさほど必然的に含まれていなかった場合でも、ここにはなお他の一切の場合と同様にひとつの法則が残っている。すなわち、傾向性に基づいてではなく義務に基づいて自分の幸福を促進せよという法則である。そして、この場合に、当人の振舞いははじめて本来の道徳的価値を得るのである。

自分の隣人を愛しなさい、私たちの敵でさえ愛しなさい、と命じている聖書(42)の文言も、同様に理

(42) 『マタイによる福音書』五・四四にこの内容の代表的な表現が見いだせる。

解されるべきだということは疑いようもない。というのも、傾向性としての愛というものは命じられることができないからであり、他方、義務そのものに基づいた親切な行いは、そうすることへといかなる傾向性もまったく駆り立てることがないとしても、いやそれどころか自然的で抑えがたい毛嫌いがそうすることに逆らっているとしても、実践的な愛であり、感受的な愛ではないからである。この実践的な愛は、意志に存するものであり感覚の性癖[43]に存するものではなく、行為の諸原則に存するものでありこころをとろかすような同情に存するものではない。実践的な愛だけが命じられることができるものである。

第二の命題は次のものである[44]。義務に基づいたなんらかの行為がその道徳的価値をもつのは、当該の行為で達成しようとしている意図においてではなく[45]、むしろ行為がそれに従って決心される格率においてである。したがって、義務に基づいた行為は、その行為の対象の実現に依存するのではなく、むしろ行為が、欲求能力の一切の対象を顧慮することなく、それに従って行われる意志作用の原理にもっぱら依存する。〔以上が第二命題である。〕私たちが行為に際してもつような意図や、意志の目的や動機となる行為の結果が、行為に対して無条件的で道徳的な価値を与えることができないことは、上述のことから明らかである。すると、このような価値は、それが行為の期待された結果と関連した意志にないはずだとすれば、どこに存することができるのだろうか。それは、意志の原理[46]以外のどこにも存することができないのであり、その際、その行為が実現できる目的が顧慮されることなどない。というのは、意志は、〈形式的であるそのア・プリオリな原理〉と〈質料的であるそのア・ポステリオリな動機[47]〉との真ん中にあり、いわば分かれ道[48]のようなところに立っているからである。それでも意志はなんらかのものによって規定されねばならないから、もしある行為が義務に基づいて行われるのであれば、意志は意志作用一般の形式的原理によって規定されねば

(43)「感覚の性癖（Hang der Empfindung）」とは、人間がその理性的側面とは無関係にもっている感じ方の傾きのことである。たとえば、他人に対して非情に振舞うのはどうにも嫌な感じがする、というような場面を想像してみるとよい。

(44) この「第二の命題」に対応する「第一の命題」は、この箇所までに明記されていない。しかし、これまでの内容を踏まえるなら、「第一の命題」は、道徳的価値をもつのは、たんに義務に適っている行為ではなく、義務に基づいた行為である、とまとめることができるだろう。なお、クレメは、この「命題（Satz）」という表現が、バウムガルテンの用いるラテン語 propositio のドイツ語訳であり、「原理（Prinzip）」の同義語としても使用されることを指摘している（Klemme, S. 70）。

(45)「意図（Absicht）」とは、この箇所に記されているとおり、なんらかの行為において、その行為によって実現されるべきことである。行為は、多くの場合、「意志作用（Wollen）」に基づくものだが、その行為について「なんのために」と問うなら、その答えが「意図」であり、「なぜ」と問うなら、その答えが意志作用の「原理」である。なお、「なんのために」という問いの終局に見定められるのが「目的」である。

(46) この段落には「意志作用（Wollen）の原理」と「意志（Wille）の原理」という表現が見られる。両者に本質的な相違はない。「意志作用」は「意志する」という動詞の名詞化であり、「意志」は名詞である。ただし、「意志作用の原理」は「意図」との対比において、「意志の原理」は「目的」との対比において用いられている。

(47) ここでは「形式的（formell）」と「質料的（matriell）」とが対比されている。カントは、哲学上の表現としては概して前者に formal、後者に material という表現を用いる。（本書八頁、387 参照）ここでの表現の選択がそれと異なるのは、第一章が「ふつうの道徳的理性認識」に立脚するところに由来するかもしれない。

ならないのである。意志から一切の質料的原理が引き離されているのだから。

第三の命題を、私は、上述の二つの命題からの帰結として、次のように表現したい。義務とは、〈法則への尊敬〉に基づいた行為の必然性である、と。私がやろうとしている行為の結果としての客体に対し、なるほど私が傾向性をもつことはあり得るが、尊敬を懐くことはけっしてあり得ない。それはまさに、件の客体がなんらかの意志の結果にすぎず、その意志のはたらきではないからである。同じように、私は傾向性一般に対して、それが自分のものであれ、なんらかの他人のものであれ、尊敬を懐くことはできない。私にできるのは、せいぜい、自分の傾向性についてはそれを肯定することであり、他人の傾向性については折に触れてそれを愛しさえすることである。他人の傾向性を愛するとは、それを自分自身の利益にとって好都合なものと見なすことである。ただ次のものだけが、すなわち、もっぱら根拠として私の意志と結びついていて、けっして結果としては私の意志と結びついていないものだけが、〔言い換えるなら、〕私の傾向性に資することなくそれを圧倒し少なくとも選択に際して傾向性にその見積もりをまったく許さないものだけが、したがってたんなる法則が、それだけで尊敬の対象となることができるのであり、それゆえ命令であることができる。いまや、義務に基づく行為は傾向性の影響を、またそれとともに意志のあらゆる対象を、すっかり切り離すべきなので、意志を規定できるものは、客観的には法則以外には、主観的にはこのような実践的法則への純粋な尊敬以外には、意志に残っていない。ここで実践的法則への純粋な尊敬とは、私のすべての傾向性を中断してさえ、そのような法則に従おうという格率（原注1）のことである。

（401）

〔原注1〕格率とは意志作用の主観的原理である。〔他方〕客観的原理（これは、もし理性というものが欲求能力を完全に制御しているとしたら、一切の理性的存在に対して主観的にも実践的原理となるだろう、というような原理である）は実践的法則である。

そうしてみると、行為の道徳的価値は、当の行為から期待される結果にはなく、したがってまた、自分の行為根拠をそうした期待される結果から借りてくることを必要とする、行為のなんらかの原理にもないことになる。というのは、このような結果の一切（自分の状態の快適さ、それどころか他人の幸福の促進さえ）は、他の諸原因によっても実現できたからであり、それゆえ、その実現のために、理性的存在たるものがもっているような意志を必要としなかったからである。しかしながら、最高で無条件的な善は、そうした意志だけに見いだされるのである。したがって、法則の表象それ自体以外のなにものも――この表象は、それが望まれた結果ではなく意志の規定根拠であるという点で、もちろん理性的存在だけに生じる――私たちが道徳的と呼んでいるかくも卓越した善の特徴をなすことができない。この卓越した善は、法則の表象に従って行為している人格自身のうちにすでに現前しているのであり、結果に基づいてはじめて期待してよいようなものではないのである

（48）クレメは、この「分かれ道（Scheideweg）」という表現の先駆を、マイヤーの『一般実践哲学』（一七六四年）の§72に見出している（Klemme, S. 72）。併せて、クレメは、この分かれ道の区別を意志作用の形式的原理と実践的原理に見出したところに、カントの同時代人には見られない独自性があるとしている（Klemme, ebenda）。

（原注２）。

（原注２）あたかも私が尊敬という語を隠れ蓑にして、なにかあいまいな感情に逃げ道を探したにすぎず、理性の概念によっては問いに対して判明な回答を与えなかったかのように、私を非難する人がいるかもしれない。しかし、たとえ尊敬というものが感情であるとしても、それは、〔外部からの〕影響によって知覚される感情ではなく、なんらかの理性概念によって〔主観〕自身によって起こされる感情であり、それゆえ傾向性や恐れに帰せられ得るような前者の類の一切の感情から種的に異なるものである。およそ私が直接的に自分にとっての法則として認識するものを、私は尊敬とともに認識する。この尊敬が意味するのは、私の感官に対する外部からの影響を介することなく、もっぱら私の意志がなんらかの法則に服しているという意識である。尊敬とは、この法則による意志の直接的な規定ならびにそうした規定の意識のことなのであり、それゆえ尊敬というものは法則が主観に及ぼした結果と見なされ、法則の原因とは見なされない。ほんらい尊敬は、私の自己愛を中断させるような価値の表象である。すると、傾向性の対象であるとも恐れの対象であるとも考えられないような、なにかあるものが存在することになる。たとえ、それが同時にこの両者となんらか類比的なものをもっているとしても。尊敬の対象は、そうしてみるともっぱら法則なのであり、それも私たちが自分自身に対して、とはいえ、それ自体必然的なものとして負わせる法則なのである。法則という点で私たちは、自己愛にお伺いを立てることなくその法則に服している。とはいえ、私たち自身によって自分に負わせられたという点で、この法則は私たちの意志の帰結である。法則は、第一の点で恐れと類比的であり、第二の点で傾向性と類比的である。なんらかの人格に対する一切の尊敬は、ほんらい法則（実直であれという法則など）に対する尊敬にすぎない。

その人格は私たちに法則の実例を示しているのである。私たちは自分の才能を伸ばすことを義務としても見ているので、私たちはさまざまな才能を発揮している人格において、ひとつの法則のいわば実例をも表象する（訓練によってその人格と同じように才能を発揮せよ）(49)。これが私たちの尊敬を形成するのである。一切の道徳的ないわゆる関心(50)とは、もっぱら法則に対する尊敬なのである。

（402）

だが、意志がたんてきにそして無制限に善いとよばれることができるために、ある法則の表象が、そこから期待される結果を顧慮することなしでも、意志を規定しなくてはならないとしたら、それはいったいどのような法則なのだろうか。私は意志から、なんらかの法則を遵守すること〔によっ

（49）この（ ）内の文言は、第二版で加えられた。

（50）ここに導入される「関心（Interesse）」は、ラテン語や英語をそのままドイツ語に移したものであり、これに対して特別な訳語がしつらえられることがなかった。クレメは、その先行例を、ヴォルフやクリスティアン・ガルヴェ（Christian Garve, 1742-1798）に見出している。その上で、クレメは、ガルヴェが「関心」をTeilnehmungと言い換えていることに注目する。これもまた「関心」を意味するドイツ語だが、利害関心をも意味するInteresseとは異なり、「参加」、「関与」、「分かち合い」などを意味する単語である。そこでクレメは、法則への尊敬の感情とは、道徳的法則に関与し、それを共にすることであると解している（Klemme, S. 81）。他方、Interesseについてカントは『実践理性批判』で、それを有するのは有限な理性的存在のみであると指摘している。この概念はそうした「有限性」（つねに道徳的法則だけを根拠にして生きているわけではなく、そうすることもできないという性質）を視野に入れて理解される必要がある。むしろ、その点で、「関心」は「尊敬」と同様の性格をもつ（vgl. V 79）。

て得られる結果の表象〕によって意志に生じるかもしれない一切の誘因を奪い去ったのだから、諸行為の普遍的合法則性一般[51]を除いて〔法則には〕他になにも残っていない。ただそれだけが意志に対して原理として役立つはずなのである。つまり、私は、私の格率がひとつの普遍的法則になるように私が意志することもできる、そのような仕方以外ではけっして振舞うべきでないのである。ここに至っては、たんなる合法則性一般が〔特定の諸行為に向けて規定された法則を根拠とすることなしに〕[52]意志にとって原理として役立つものなのであり、加えて、もし義務がおよそ空虚な幻想や奇怪な概念であるはずがないとするなら、意志にとって原理として役立つものでなければならないのである。ふつうの人間理性は、以上のこととその実践的判定においてやはり完全に一致するのであり、また、上述の原理をいつでも見据えているのである。

　たとえば、次のような問いが立てられるとしよう。私は、自分が苦境にある場合に、守るつもりのない約束をしてはいけないのだろうか。この問いの意味内容には区別があり得るので、ここで私はそれをかんたんに区別しておこう。偽りの約束をすることは、怜悧なことなのかどうか、それとも義務に適ったことなのかどうか[53]、と。前者の方がしばしば起き得ることだというのは疑いようもない。なるほど私にはよく分かっている。このような口実によって目先の困りごとから免れるだけでは十分でなく、後になってこの嘘によって、いま自分が逃れようとしている不都合よりももっとずっと甚だしい不都合が生じる可能性がないかどうかをよく考えてみなければならず、また、私がどんなに抜け目なく振舞っていると思い込んでいても、いったん失われた信用が、私がいま免れようと思っているすべての害悪よりも自分にとってずっと不利なことにはなるまいと思えるほどには、そこから帰結するものを容易に予見することはできないので、この際、一般的な格率(54)に従って振舞う方が、また、守るつもりのない約束はしないことを習慣(55)にすることの方が、もっと怜悧に行為したことになるのではないかどうかをよく考えてみなければならない、ということを。しかしながら、ここで私にただちに明らかなのは、そのような格率がきっといつでも帰結への心配だけを根拠にしているということである。さて、〈義務に基づいて嘘をつかないこと〉は〈不利な帰結への心配に基づいて嘘をつかないこと〉とは、なにかまったく別のことである。前者の場合、その行為それ自体の概念がすでに私にとってひとつの法則を含んでいるが、後者の場合、私はまずはじめに、その

(51) 法則は客観的普遍妥当性を徴表にするので、合法則性を「普遍的」という形容詞で修飾するのは、合法則性のもっている普遍性を強調するためだろう。

(52) 「奇怪な」と訳した原語は chimärisch であり、これは直訳では「キマイラ的」とすることのできる単語である。ギリシア神話に由来するキマイラは、さまざまなものから合成されたものを意味する。その点で、ここでカントが考えているのは、義務が純粋理性のみならず他のさまざまな要素から合成されている場合であろう。

(53) 「偽りの約束」が「義務に適って」いないことには議論の余地がないように見えるが、カントはこのことをまだ未決に留めていて、この段落の後半でそれが議論される。

(54) ここで「一般的な格率」という表現は、カント倫理学の洗練された意味、すなわち、普遍的な立法の原理たり得る格率という意味ではなく、〈世間に一般的に通用している行為原理〉という意味である。

(55) 倫理学には、原理として「習慣」を重んじるものとそうでないものがある。カント倫理学は典型的に後者である。その点で、ここでの「習慣」への言及は、あくまで「ふつうの道徳的理性使用」に基づく世間的な言説に定位したものである。

行為がいったいどのような結果を私にもたらすだろうかと、〔行為それ自体ではなく〕他のところを見回さねばならない。というのは、私が義務の原理に反する場合、それが悪いことはまったく確実だが、私が自分の怜悧の格率に背を向ける場合、それでもそれがときには私にとってたいへん有利なことになることがあり得るからである。もっとも、怜悧の格率〔不利な帰結を招くことが懸念されるから、嘘をつかないようにしよう〕を守った方がより安全であるのはもちろんのことだが。他方、ここで課題となっている、嘘の約束というようなものが義務に適っているかどうかという問題への回答にかんして、きわめて手短だがひとを欺くところのまったくない仕方で知見を得るために、私は自分自身に次のように問うてみよう。いったい私は、私の格率（なにか虚偽の約束をして困りごとを免れよう）が普遍的な法則（私にとっても他人にとっても）として妥当すべきことに満足するだろうか、また、いったい私は自分に向けて、「困っていて嘘をつく以外にそれを逃れることができない場合は、誰でも虚偽の約束をしてよい」と言うことができるだろうか、と。すると私はただちに、自分が嘘をつこうと意志することは確かにできるものの、しかし、嘘をつくべきだという普遍的な法則を意志することはまったくできない、ということに気づく。というのは、そのような法則に従ったのでは、結局いかなる約束も存在しないことになるだろうからである。なぜなら、私の将来の諸行為にかんする私の意志〔約束を守ること〕を他人に申し立てるとしても、その他人がそれを信じないなら、また、他人がそれを軽率に信じたとしても、私に同様の仕返しをするだろうとしたら、そうした申し立てをするのは無駄なことだろうからである。したがって、私の格率は、それが普遍的法則にされるとしたら、ただちに自分自身を破壊せずにはおかないからである。

こうしてみると、私の意志作用が道徳的に善であるために私がなにをなすべきかについて、私には細を穿つような慧眼などまったく必要ない。世間のなりゆきにかんする経験が浅いとしても、世間で起きる一切の出来事にこころの準備ができているわけではないとしても、私は自分に対して次のように問いかけさえすればよい。君は、君の格率がなにか普遍的法則になることを意志することもできるか、と。それができないなら、その格率は退けられるべきものだ。しかもそれは、君にあるいは他人にも当の格率に基づいてなにか不利なことが生じるためではなく、当の格率が原理としては、可能な普遍的立法に適合できないからである。しかし、理性は私にこの可能な普遍的立法に対する直接的な尊敬を強いるのである。なるほど私はいまはまだこの尊敬がなにを根拠としているのかを洞察していないが（これは哲学者が探求すればよい）、それでも少なくとも次のことまでは理解している。およそ傾向性によって称揚されるようなものがもつ一切の価値をはるかに凌駕する価値の評価があること、また、実践的法則に対する純粋な尊敬に基づく私の行為の必然性が義務の特徴をなすものであること、である。この義務に対してあらゆる他の行為根拠は引き下がらねばならない。なぜなら、義務が、一切を凌駕する価値をもつそれ自体で善い意志の条件だからである。

以上のようにして、私たちはふつうの人間理性の道徳的認識のなかで、その原理にまで到達した。なるほどふつうの人間理性がこの原理を普遍的な形式においてこのように取り出して考えていないことは確かだが、それでもいつでもこの原理を実際に念頭に置き、自分の行う判定の尺度として用（404）いているのである。この際、次のことを容易に指摘できるだろう[56]。ひとはふつうの人間理性になにか目新しいことをいささかも教えることなしに、ソクラテスが行ったように、もっぱら人間理性にそれ自身の原理へと注意を向けさせるなら、このような羅針盤を携えているふつうの人間理性が、生じ来るどのような場面においても、なにが善くなにが悪いかを、それが義務に適っているか義務に反しているかを、区別することにどんなによく精通していることか。したがってまた、ひとは、ごまかしなくそして善くあるために、さらにそのうえ賢くそして有徳であるために、なにをなさねばならないかを知るために、いかなる学問も哲学も必要としない、ということを。人間各人がなにをなすべきだと、それゆえまたなにを知るべきだと、義務づけられているのか、それを承知していることは、誰でもの関心事、最もふつうの人間さえもの関心事であるということは、おそらくはもうはじめから予想できたことであろう。それでもここで、ふつうの人間悟性〔人間の常識〕では、理論的判定能力に対して実践的判定能力がどんなにはるかに優っているかをよく見るなら、ひとは感嘆せざるを得ない。理論的な判定能力において、もしふつうの理性が経験的諸法則や感官の諸知覚からあえて離れるなら、理性はまったく不可解な諸事態や自分自身との諸矛盾[57]へと、少なくとも不確実さ、あいまいさ、気ままさからなる混沌へと、陥ることになる。他方、実践的な理性使用において、この判定力は、ふつうの悟性〔常識〕が実践的諸法則から一切の感性的諸動機を排除するなら[58]、その場合になってまさにはじめて、ほんとうに有効な姿を見せ始める。この場合、ふつうの悟性〔常識〕はそのうえ鋭敏になる。この悟性が、なにが正しいとされるべきものかについて、自分の良心や他人の諸要求の揚げ足をとろうとするにせよ、自分の教訓とするために諸行為の価値もまた率直に規定しようとするにせよ。また、この後者の場合〔行為の価値を率直に規定する場合〕、常識は、ほとんどのことを、とかく哲学者がそれに期待を抱かせるのと同じくらいには上手に正しく捉えると期待できる。いやそれどころか、常識は、哲学者でもできないくらいに、この点でもっとずっと確実だと言わねばならぬほどである。なぜなら、哲学者でも常識と異なる原理をもっているわけではないのに、哲学者は、当のことがらに関係のない異質な考慮をたくさん行うことによって、自分の判断を容易に混乱させ、まっすぐな方向から外れさせることがあり得るからである。そしてみると、道徳的な案件ではふつうの理性判断で満足し、哲学をもち出すとしたらせいぜい次のことのためにするのが得策なのではないだろうか。それは、道徳の体系をいっそう完璧で分かりやすく提示し、同様に道徳の諸規則を使用に向けて（論議に向けて、になる場合の方が多くなるが）適切に提示するために、である。しかし、それは、実践的な意図においてにせよ、ふつうの人間悟性からその幸福な素朴さを取り去るためにではなく、また探求し教訓を得るためのなにか新しい道へ

（56） ソクラテス（前470（469）-399）。古代ギリシアの哲学者。カントは後年の『道徳形而上学』において、道徳原理は（感情にではなく）人間各人の理性的素質に内在している形而上学に他ならないとし、そうした形而上学があいまいなかたちにせよ各人においてすでに考えられていることは、教師が生徒相手に「ソクラテス的な問答」をしてみることで即座に明らかになると指摘している（VI 376）。

（57） ここでカントは『純粋理性批判』の「超越論的弁証論」で論じられる、魂（の不死）、世界、神の現存在のことを念頭においている。「不可解な諸事態」は魂にかんする「純粋理性の誤謬推理」と神の現存在にかんする思弁的証明を指しており、「自分自身との諸矛盾」は「純粋理性の二律背反」を指している。

（58） これは義務にかんして「義務に基づいて」と「義務に適って」とを区別することである。これができるということが「実践的諸法則から一切の感性的諸動機を排除」できるということである。

と哲学によってふつうの人間悟性を導くためにでもない。

　無垢であるのはすばらしいことだが、次のことだけは、それはそれで、またたいへん困ったことである。それは、無垢であることはしっかり保ち続けられ得ず、また容易に惑わされるということである。それゆえ、知恵ですら――ふだん知恵とはおそらく知よりももっと行為にかんすることである[59]――やはり学問をも必要とする。それは知恵について学ぶためではなく、むしろ知恵の指図を受け入れさせそれを維持するためである。人間は自分自身の中で、理性が人間に対してたいそう尊重に値するものとして表象する義務の一切の命令に抗する、強力なおもりを感じている。人間がそれを感じるのは自分のさまざまな必要とさまざまな傾向性においてであり、それらをすべて満足させることを人間は幸福という名前でまとめて捉えている。さて、理性は仮借なく命じる。理性がその際、傾向性たちになにかを約束することなどない。したがって、理性は、傾向性のたいへん激しくそれゆえたいへん正当に見える要求（この要求は、どんな命令によって止めさせようとしても止めさせられない）をいわば冷遇し軽視しつつ、自分のさまざまな指図を命じるのである。しかし、ここからある種の自然的弁証論が生じてくる[60]。これは、義務のあの厳格な法則に抗して屁理屈をこね、そうした法則の妥当性に、少なくともその純粋さと厳格さに、疑いを差しはさみ、そして、そうした法則を、できることなら、もっと私たちの願望と傾向性に適合させようとする性癖である。これは、諸法則を根本において腐敗させることであり、その尊厳のすべてを葬り去ることである。だが、こんなことは、やはりふつうの実践理性でさえ最終的に是認できることではない。

　したがって、ふつうの人間理性はこのような事情で、なにか思弁の必要というようなもの（この必要は、人間理性がたんなる健全な理性であることに満足している限りは、けっして人間理性を襲うようなものではない）によってではなく、みずから実践的諸根拠に基づいて、自分の圏域を出てなんらかの実践的哲学の領野へと歩を進めるように駆り立てられるのである。それは、ふつうの人間理性がこの領野で、自分の原理の源泉やその原理の正しい規定のことを考えて、必要や傾向性に立脚した格率に反論しつつ、調査を行いはっきりした導きを得るためである。そうすることで、ふつうの人間理性は、〔義務と傾向性という〕二つの側面からなされる要求のゆえに生じる困惑から抜け出し、みずからが容易に陥るあいまいさによって一切の真正な道徳的諸原則を奪われる危険を冒さないで済むのである。このようにして、理論的使用において理性に生じるのと同様に、まさに実践的なふつうの理性においても、それが開発される(61)なら、気づかないうちになんらかの弁証論が芽生えてくる。この弁証論こそが、哲学に助けを求めるようにと、ふつうの人間理性を強いるのである。したがって、実践的なふつうの理性は、理論的使用における理性とまったく同様に、私たちの理性の完

---

(59) 『純粋理性批判』では、「知恵（Weisheit）」とは「実践的理念」であり、「すべての可能な目的を必然的に統一する」ものとして、一切の実践的なことに対して規則となるようなものであると述べられる（A328/B385）。

(60) ここで「自然的弁証論（eine natürliche Dialektik）」とよばれる内容は、〈幸福への欲求・傾向性〉と〈理性の命令〉との弁証論という点で、『実践理性批判』における「純粋実践理性の弁証論」に通じている。ただし、後者の内容が、実践理性の二律背反（理性の自己矛盾）にまで深められているのに対し、『基礎づけ』では、傾向性に根差して屁理屈をこねる性癖という理解にとどまっている。クレメはこの「自然的弁証論」を、カントのいう「ふつうの実践理性」の問題であると指摘している（Klemme, S. 84）。

璧な批判以外では、いかなるところにおいても安らぎを見いださないであろう。

(61) カントは、『道徳形而上学の基礎づけ』刊行の前年に、「世界市民的見地における普遍史の理念」という論文を発表している。なお、当該論文は『基礎づけ』の原稿を出版社に送付した後で執筆されたものである。したがって、当該論文の発表は『基礎づけ』の前年だが、執筆は『基礎づけ』原稿に後続するということになる。その第七命題では、人間の「開発〔文化〕」、「文明化」、「道徳化」の三つが語られ、「開発〔文化〕」は「道徳性の理念」と無関係ではないものの、それがもっぱら名誉心やうわべの上品さの追究に終始するなら、それは「文明化」には関連するが「道徳化」にはかかわらないと指摘している（VIII 26）。本文における「実践的なふつうの理性」の「開発」は、この後者のような事態を指している。

(406)

第二章　通俗的な道徳哲学(62)から道徳の形而上学への移行

私たちは、これまで扱ってきた私たちの義務の概念を、私たちの実践理性のふつうの使用から引き出したのだが、だからといってそこから、あたかも私たちがその概念を経験概念として扱ったかのように推論してはならない。むしろ、私たちが人間の行為〔なすこととなさざること〕の経験に注意を向けるとき、私たちは次のような訴えを頻繁に耳にすることになる。それはまた、私たち自身が認めるように、理由のある訴えである。すなわち、ひとは純粋な義務に基づいて行為する心術について、まったく確実な実例を挙げることができないので、たとえ少なくないことが義務の命じることに適って行われるとしても、それでも、いったいそれが義務に基づいて行われるのかどうか、それゆえなんらかの道徳的価値をもつのかどうかは、いつまでも疑わしいままだ、と。だからこそ、

(62)　ここで「道徳哲学」と訳した単語は sittliche Weltweisheit である。他方、序文の末尾で第二章に言及した際にカントは同じことを表現するために Moralphilosophie を用いていた（本書二〇頁、392）。

いつの時代にも、人間の諸行為にこのような心術が現実にあることをたんてきに否定し、万事を多かれ少なかれ洗練された自己愛に帰し、しかし、だからといって道徳性の概念の正当性を疑うことなく、むしろ切に残念がりながら、人間本性の弱さや不純さに言及した哲学者たちがいたのである。〔そうした哲学者たちによれば〕人間本性は、確かに、これほど尊敬に値する理念を自分の指図にするほどに十分高貴だが、同時に、その指図に従うにはあまりに弱く、自分にとって立法に役立つはずの理性を、もっぱらさまざまな傾向性の関心を――個別的にせよ、あるいはせいぜいさまざまな傾向性どおしが最大限折り合えるようにせよ――配慮することに使用する〔という〕のである。

実際、経験によるのでは、とりあえず義務に適っている行為の格率がもっぱら道徳的諸根拠に基づきまた当人の義務の表象に基づいていたというたったひとつの場合も、完全な確実性をもって確認することはたんてきに不可能である。というのは、私たちがどんなに鋭く自分を吟味しても、義務という道徳的根拠の他に、自分をあれこれの善い行為へとまたそのための大きな犠牲へと動かすのに十分なほど力強いものをまったくなにも見出さないような場合がときにあるのは確かだが、そのことに基づいて、現実にかの〔義務の〕理念の見かけにすぎないものの下に隠れた自己愛の衝動が意志を規定するほんとうの原因だったのではまったくないと、確実に推論されることなどけっしてできないからである。〔一方で〕そのとき私たちは、そうした意志規定のほんとうの原因に代わって、もっと高貴な行為根拠を、偽って自分のものとすることでいい気になっているし、他方で、実際は、どんなに厳格な吟味によってさえも、隠れている動機の真相に至ることなどできない。なぜなら、道徳的価値が話題になるときは、ひとに見える諸行為が問題なのではなく、諸行為の、ひとが目にすることのないかの内面的な諸原理[63]が問題だからである。

いっさいの道徳性など思い上がって自分を自分以上のものだと思う人間のうぬぼれが生んだたんなる妄想だと嘲笑する人々にとっても、義務の概念（ひとが、その方が楽だという理由で、他の一切の概念も同様であるとすすんで自分を説得するのと同様に）がもっぱら経験から引き出されたものに違いなかったのだと認めてあげることほど、相手にとって望ましく好都合なことはあり得ない。というのは、ひとはそのとき相手に確実な勝利を準備してあげているからである。私は人間愛に基づいて、いまなお私たちの行為はたいてい義務に適っていると認めるつもりである。しかし、そうした行為がやろうとしていることをもっとよく見てみるなら、ひとはいたるところで〈愛しい自己〉に出くわすことになる。この〈愛しい自己〉はいつでも際立っていて、私たちの行為の意図はそれを支えとしている。行為の意図は、何度も自己否定を要求してくるような義務の厳格な命令を支えとしているのではないのである。ひとは折にふれて（とりわけ年齢を重ねることで、また経験によって世故にたけ鋭い観察ができるようになった判断力によって）、この世界でなんらかの真の徳がほんとうに見いだされるだろうかと疑いを抱くようになるためには[64]、とりたてて徳の敵である必要はなく、ただ冷徹な観察者として、善に対するきわめて強い願望をただちに善の実現だと見なさないように

（63）「かの内面的な諸原理」とは、当該の行為が「義務に基づいて」いるか「義務に適って」いるにすぎないかという原理的な区別を指していると考えられる。
（64） 注30を参照せよ。

しさえすればよい。一方、この際、私たちの義務の理念が全面的に崩壊することから私たちを守り、義務の法則に対する根拠のある尊敬を魂の中で維持できるものは、もはや次の明確な確信[65]をおいて他にはない。それは、たとえそのような純粋な源泉に発する行為が一度として存在しなかったとしても、それでもなお、ここでおよそ問題なのは、あれこれが行われるかどうかではまったくなく、むしろ、理性はそれだけでそして一切の現象から独立して、なにが行われるべきかを命じるのであり、したがって、もしかすると世界がこれまでまだ一度もその実例を示したことのない行為が、さらには、一切の根拠を経験に求めるような人ならその実行可能性をひどく疑うかもしれない行為が、それでも理性によって仮借なく命じられているのだ、という確信であり、そこで、たとえば、友だち関係[66]における純粋な誠意は、たとえこれまで実のある友だちなど一人もいなかったかもしれないとしても、変わることなくあらゆる人に求めることができるのだ――なぜなら、このような義務は義務一般として、一切の経験に先立って、〈意志をア・プリオリな諸根拠によって規定する理性〉という理念の中に存するから――という確信である。

〔以上のことに加えて、〕ひとが道徳性の概念に対して一切の真理をつまりなんらかの可能な客体への関係を、完全に疑ってかかるつもりでないのであれば、自分の法則について、それが意義をもつ範囲がたいへん広大であり、それはたんに人間だけにではなく一切の理性的存在一般に妥当するに相違なく、たんに偶然的な諸条件のもとで例外とともにではなくたんてきに必然的に妥当するに相違ないことを否定できない、ということを付け加えるなら、そのような確然[67]的な諸法則の可能性だけに向けてであったとしても、経験が推論するきっかけを与え得ないことは明らかである。というのは、どのような権利があって私たちは、もしかすると人間性のもっている偶然的な諸条件のもとでしか妥当しないようなものを、あらゆる理性的自然本性(68)にとって普遍的な指図として、制限なき尊敬の対象とさせることができるのだろうか、それに、もし諸法則がたんに経験的であって、完全にア・プリオリに〈純粋だが実践的な理性〉に源泉をもつものでないとするなら、どのようにして私たちの意志を規定する諸法則が、なにか理性的存在一般の意志を規定する諸法則であるとみなされるのだろうか、また、そうしたものとしてのみ、私たちの意志にとっての諸法則としてもみなされるのだろうか。

(65)「確信(Überzeugung)」とは、「思い込み(Überredung)」に対置される用語であり、カントはそれを『純粋理性批判』で説明している。すなわち、なんらかのことがらについて私たちの下す判断に悟性が信憑性を認める場合、それが、たんに主観的ではなく、ある程度は客観的にも妥当する根拠をもっているなら、それが確信である(A820/B848)。

(66) カントは『道徳形而上学』の「徳論の形而上学的原理」§46において、「他人に対する徳義務」の枠内で「友だち関係」について論じている。

(67)「確然的(apodiktisch)」とは、必然性の意識を伴って下される判断の様相を示す用語である。「必当然的」と訳されることもある。

(68) ここで「あらゆる理性的自然本性」と言われるときの「自然本性(Natur)」について、カントは『実践理性批判』で次のように記している。「自然本性とは、もっとも一般的な意味では、諸法則のもとにある物の現実存在である。」(V 43) さらに、この自然本性は「感性的自然本性」と「超感性的自然本性」とに分けられる。したがって、ここで「あらゆる理性的自然本性」とは、理性に基づく法則のもとにあり、理性を自然本性とする存在のことを指していると考えることができる。

(409)

されるのだろうか。

もしひとが実例から道徳性を借用しようとしたとしたら、道徳性にとってこれほどまずい手助けはあり得ないだろう。というのは、どのような実例も、それによって私に表象されるもの自身が、まずもって道徳性の諸原理に従って、はたしてそれが根源的な実例として、すなわち範例となるに値するものであるかどうか判定されねばならないが、実例が頂点に立ってそこから道徳性の概念を提供することなどあり得ないからである。福音書の聖者[69]ですら、ひとが彼を聖者であると認める以前に、まずは〈道徳的完全性について私たちがもっている理想[70]〉と比較されねばならない。実際、彼は自分自身についてこう言っている。「君たちは（君たちの目にしている）私のなにを善とよぶのか。（君たちの目にしていない）唯一の神のほかに、誰も善（善の原像）ではない[71]。」それにしても、私たちは最高善[72]としての神の概念をどこから得るのだろうか。それはもっぱら、理性がア・プリオリに道徳的完全性について描き、なんらかの自由な意志の概念をそれと不可分に結びつける理念からである。模倣は、道徳的なことにおいてはまったく成立しない。また、実例というものは励ましに役立つにすぎない。言い換えれば、実例は、法則の命じていることが実行可能であることについて疑念を払拭し、実践的規則がより一般的なかたちで表現しているようなことを目に見えるようにするものの、しかし、理性に存する実践的規則の真の原型をなおざりにして実例にならうことをけっして正当化することはできないのである。

一切の経験から独立していてもっぱら純粋理性に立脚していなくてはならないような、道徳性の真の最上原則などやはり存在しないのだとしたら、〔ここでの〕認識がふつうのそれから区別されて哲学的とよばれるべきものである限り、そのような概念――それは、〔それが存在するとしたら〕その一部をなしている諸原理と共にア・プリオリに確定している〔はずである〕――を、一般的に（抽象的に）述べるのがよいことかどうか、問うてみるまでもないと私は思う。しかし、私たちの時代[73]にあっては、おそらくこのように問うことは必要であろう。というのは、一切の経験的なものから区別された、純粋な理性認識と、それゆえ道徳の形而上学と、通俗的な実践的哲学とのいずれが優位に置かれるべきかについて、票が集められるとしたら、どちら側が優勢になるだろうかなど、火を見るよりも明らかだからである。

なるほど庶民的な諸概念にこのように降りていくことは、まずはじめに純粋理性の諸原理への上

(69) イエス・キリストを指している。なお、カントの『たんなる理性の限界内の宗教』第二篇は哲学的イエス論である。

(70) ここで用いられる「理想（Ideal）」という表現は、「理念（Idee）」（純粋理性概念）の一種ではあるが、個体的存在を対象として考えられるものである。ここではイエスという個体的存在が念頭に置かれているがゆえに、この用語が採用されている。「理念」における「理想」のあり方は、『純粋理性批判』「超越論的弁証論」の第三章「純粋理性の理想」で説明されている（特に、A568/B596）。

(71) 『ルカによる福音書』一八・一九。

(72) カントは、『実践理性批判』における「最高善」論で、神を「最高の根源的善」と呼んでいる（V 125）。

(73) カントは『純粋理性批判』第一版の序文において、自分たちの時代を、形而上学への無関心が支配している時代であると述べている（A X）。この時代を既存の権威に服従しない「批判の時代」（A XIAnm.）と捉え返しつつ、彼は批判哲学を遂行するのである。

昇が行われ、それが完全な満足に達している場合には、おおいに賞賛されるべきことである。これを言い換えれば、道徳の教えにあらかじめ形而上学という基礎を与え、それが確立したなら、後から通俗性によって形而上学を受け入れられるようにする、ということになろう。しかし、諸原則の一切の正しさがそれにかかっている最初の探究において、すでに通俗性という意向に従おうとするなどまったくばかげたことである。その際、ひとが一切の根本的な洞察を諦めるなら、誰にでも分かりやすくすることは大したことではないので、このような振舞いに真の哲学的な通俗性の手がらを要求することはけっしてできない。そうした手がらは、（それがあるとしても）きわめてまれである。それのみならず、そうした振舞いは、寄せ集めにすぎない観察と半ば屁理屈に基づく諸原理との吐き気をもようさせるようなごたまぜを出現させることになる。こんなことでも、日常的なおしゃべりにとってはなにか役に立つものではあるので、浅薄な思考をする人々はそれを楽しんだりする。しかし、思慮深い人々は、そうしたごたまぜを前にして困惑を感じ、不満を抱きつつもどうすることもできず、目を逸らしてしまう。他方、このようなまやかしを十分に見抜いている哲学者たちが、明確な洞察を得た後にだけはじめて正当に通俗的であることが許されるのだからと、しばしのあいだ表向きの通俗性を求めないとすると、そうした哲学者たちの言い分が聞き入れられることはほとんどない。

(410)

(74)

道徳性にかんする、上述のような流行《はやり》となっている論じ方をよく見てみさえすればよい。そうすれば、ときには人間の自然本性の特殊な規定（ただし、なんらかの理性的本性一般の理念もまたこのもとに含まれる）が、ときには完全性が、ときには幸福が、ここでは道徳的感情が、あそこでは神への恐れが、こちらからいくらかが、あちらからもいくらかが、不思議に混じり合ったものが見出されるだろう。ひとは、そもそも人間の自然本性についての知見（どのみちこれを私たちはもっぱら経験から手に入れることができるだけなのだが）の中に道徳性の諸原理を求めることができるのだろうか、と問うことを思いつくことなどないのである。また、それができないならば、すなわち、道徳性の諸原理が完全にア・プリオリであり、一切の経験的なものから自由であり、たんてきに純粋な理性概念の中に見いだされることができるのであって、他のどこにも、またきわめてわずかの部分にも見いだされ得ないのであれば、このような探究を純粋な実践的哲学として、あるいは（たいへん評判のよくない名前で呼んでよいとすれば）道徳の形而上学（原注1）として、むしろまったく〔経験的なものから〕切り離し、それをそれだけでまったく完璧な全体にまで仕上げ、他方、通俗性を求める読者には、この事業が終了するまではなだめすかしておこう、という計画を立てることを思いつくこともないのである。

（原注1）お望みとあれば、（純粋数学が応用数学から、純粋論理学が応用論理学から区別されるのと同様に、

（74）通俗性によって形而上学が「受け入れられるようにする」とは、形而上学を通俗化することではない。それは形而上学の性格上そもそも不可能である。他方、私たちは通俗性の領域で多様な人間知を手に入れる。そうした人間知を踏まえて、具体的な人間、人間関係、そして人間社会に形而上学を応用することが、形而上学が「受け入れられるようにする」ことであろう。

したがって）道徳の純粋哲学（形而上学）を道徳の応用哲学（すなわち、人間の自然本性への〔道徳の〕応用哲学[75]）から区別することができる。このような名称を用いることでやはりただちに脳裏に浮かぶのは、道徳的な諸原理の基礎を人間の自然本性の性質に求めてはならず、道徳的な諸原理はそれだけでア・プリオリに存立していなければならず、しかもそうした諸原理から、あらゆる理性的自然本性にとってと同様に、つまり人間の自然本性にとっても、実践的諸規則が導き出されることができなくてはならない、ということである。

しかし、いかなる人間学も、いかなる神学も、いかなる自然学や超自然学[76]も、ましてやいかなる〈隠れた質[77]〉（これを亜自然と名づけることができるかもしれない）も混入していないような、完全に〔経験的なものから〕隔絶された道徳の形而上学は、一切の理論的[78]で確実に規定された義務認識にとって不可欠の土台[79]であるのみならず、同時に、義務のさまざまな指図を実際に遂行するために最重要な購入希望図書[80]である。というのは、義務や一般的に〔言えば〕道徳的法則の純粋な、そして経験的刺激のような異質な添加物のまったく混入していない表象は人間の胸中に対して、もっぱら理性の道を通って（理性はこのときはじめて、自分が自分自身だけで実践的でもあり得ることに気づく）、(411) 経験的な領野からかき集めてこられるような一切の他の諸動機（原注2）よりもはるかに強い影響力をもつがゆえに、理性がみずからの尊厳を意識して他の諸動機を軽蔑し、次第にそうした動機に打ち勝つことができるようになるほどだからである。これに引き換え、感情や傾向性による動機に基づき同時に理性概念にも基づくことで合成されている、まぜこぜの道徳論は、いかなる原理ももち得ない諸動因のあいだで、〔したがって、〕きわめてまれには偶然的に善へと、しかしたいていは悪へも導くものであり得るような諸動因のあいだで、こころを揺れ動かさせるに相違ない。

（原注2）私は、卓越した人物である故ズルツァー[81]から一通の手紙をもらっている。そこで彼は私に問うている。徳のさまざまな教えが、理性にとって実にたくさんの確信に足るものをもたらしているにもかかわらず、かく

（75）道徳にかんする「人間の自然本性への応用哲学」としては、本書の序文で言及された「実践的人間学」（本書九頁、388）、あるいは『道徳形而上学』で言及される「道徳的人間学」（VI 217）を挙げることができる。

（76）論文「哲学における最近の高慢な口調」（一七九六年）でカントは「超自然学」について、新プラトン主義者との関係から、それが「（神、人間精神の）超感性的なものの自然本性の理論」であると説明している（VIII 399Anm.）。

（77）「隠れた質」はラテン語で qualitas occulta であり、これは自然学において、知覚できないがゆえに説明不可能な原因や力を意味する。

（78）ここで「義務認識」について「理論的」と言われているのは、次に来る「実践的」を意識してのことである。カント実践的哲学における義務認識は一般的には「実践的」なものであるが、そこで認識されてきたあるいは認識されている義務について、それを実践の外部から眺め渡し、その概念を分析するような態度もまた考えられる。そうした態度がここで「理論的」と指摘されているのであろう。

（79）ここで「土台（Substrat）」と訳した単語は、基体や基礎をも意味する。やがてカントは『判断力批判』で、感性的なものに対する「超感性的な基体」に論究するが、ここではいまだそのような哲学的な負荷のかかった意味では用いられていない。

（80）カントは、一七六六年から一七七二年にかけて、ケーニヒスベルク城内図書館の副司書を務めていた。その点を念頭において「購入希望図書」という訳語を採用した。

もわずかのことしか成し遂げていない、その原因はいったいなんだろうか、と。私の回答は、それを完璧なものにしようとして準備していて、遅れてしまった。しかし、その回答は、〔徳の〕教師たち自身は、自分のもっている概念を整理せず[82]、うまいことやろうとして、いたるところに道徳的善への動因を探し求めることによって、つまり、薬をよく効くものにしようとして、薬をだめにしているのだ、ということに他ならない。というのは、きわめてふつうの観察からも明らかなことだが、もしひとが、ある実直な行為が、この世やあの世におけるなんらかの利益に対する一切の意図から切り離されていて、困窮や誘惑というはなはだしい試練のもとでさえ毅然とした魂でもって実行されている様子を表現するなら、そうした行為は、ほんのわずかでも他の動機によって触発された、あらゆる類似した行為をはるか後景に退かせ光を失わさせ、魂を高揚させ、そのようにも行為できるのだという願望をよび起こすからである。ある程度の年齢になった子どもたちでさえそうした印象を感じ取るのだから、子どもたちには義務をけっして別の仕方で思い描かせるべきではないだろう。

これまで述べたことから、次のことが明らかである。〔第一に〕すべての道徳的な概念は完全にア・プリオリに理性の中にその座と起源をもつが、しかもこのことは、もっともふつうの人間理性においても最高度に思弁的な理性においてと同様である。〔第二に〕すべての道徳的な概念は、経験的でそれゆえたんに偶然的な認識によっては抽出され得ない。〔第三に〕すべての道徳的な概念は、起源のこのような純粋性にこそまさにその尊厳を有し、それによって私たちにとって最上の実践的諸原理として役立つ。〔第四に〕経験的なものが付け加えられることが多ければ多いほど、そのたび、最上の実践的諸原理のもっている真の影響力と諸行為のもっている無制限の価値から、それだけ多くのものが奪い去られる。〔第五に〕次の諸点には、もっぱら思弁が肝心な場合、理論的な意図における最大の必然性が認められるが、それのみならずこれらには最大の実践的な重要性もまたある。〔五の一〕最上の実践的諸原理の概念と法則を純粋理性から汲み取り、純粋にそしてごちゃませにすることなく述べ伝え、さらに、このような実践的あるいは(83)純粋な理性認識全体の範囲を、言い換えれば、純粋実践理性の能力全体を規定すること、〔五の二〕その際に、思弁的哲学ならきっと許すように、いやそれどころか時には不可欠だと認めるように、諸原理を人間理性の特殊な自然本性

(81) ズルツァー（Johann Georg Sulzer, 1720-1779）はスイス生まれの哲学者である。ここでカントが言及している書簡とはおそらく異なるが、ベルリンで書かれた一七七〇年一二月八日の日付をもつ書簡がアカデミー版カント全集に収録されている。そこでは、ズルツァーがカントの「道徳の形而上学にかんする著作」の刊行を待ち望んでいることが記されている。そこにはまた、ズルツァー自身が「ひとが有徳と名づける魂と、悪徳である魂との物理的あるいは心理学的な相違はいったどこに存するか」という問いに答えようと試みたことも言及されている（X 112）。カントは『純粋理性批判』でもズルツァーに言及するが（A741/B769）、注目すべきは『実用的見地における人間学』全体の末尾で、彼と（彼を高く評価していた）フリードリヒ二世との逸話に言及していることである（VII 322f.）。

(82) ここで「整理する」を訳した ins Reine bringen は、直訳するなら「純粋なものにする」という意味になる。この後者を重視するなら、ここには「概念を純粋なものにする」という意味もまた込められていると考えることができる。

(83) この「あるいは（oder）」には諸家による修正提案がある。フォアレンダーは「そして（und）」、アーノルトは「しかし（aber）」への修正を提起している。

に依存させるのではなく、道徳的諸法則があらゆる理性的存在一般に妥当すべきなのだからこそ、それをなんらかの理性的存在一般の普遍的概念だけから導出すること、そして〔五の三〕そのような仕方で一切の道徳学を――それを人間に応用するには人間学が必要ではあるが――まずは人間学から独立に純粋哲学として、すなわち形而上学として、完璧に述べ伝えること（この種のまったく切り離された認識では、これはきっとうまくいく）、〔五の四〕その際に留意しなくてはならないのは、義務は、それに適っているすべてのことに含まれるが、その義務のもつ道徳的なことがらを思弁的判定のために精確に規定しようとしても、形而上学を手に入れていないのなら無駄に留まるということ――こんなことを私は言いたいのではない――よりは、むしろ、たんにふつうのそして実践的な使用においてこそ、とりわけひとを道徳的に導く場合にこそ、諸道徳にその真の原理という基礎を与えて、それによって純粋で道徳的な心術をひき起こし、そしてその心術を最高の世界福祉[84]に向けて根づかせることは、形而上学を手に入れていないなら同様に不可能だということである。

さて、〔従来の見方の〕このような刷新作業において、先に行われたように[85]ふつうの道徳的判定（これはこの議論においてたいへん尊敬に値するものである）から哲学的な道徳的判定へと進むのみならず、通俗哲学――これは実例によって手探りすることで到達できるところまでしか行かない――から形而上学（これは、もはやいかなる経験的なものによっても引き留められ得ず、また、この種の理性認識の全総体を精確に測量しなくてはならないので、実例さえも私たちを見放すような諸理念にまでおそらく行き着くことになる）にまで自然な諸段階を経て進むために、私たちは実践的な理性能力を、それを普遍的に規定する諸規則から始めて、当該の能力から義務の概念が生じてくる地点にまで、追跡して判明に示さねばならない。

自然のあらゆる事物は諸法則に従って作用する。理性的存在たるものだけが、さまざまな法則の表象に従って、すなわちさまざまな原理に従って行為する能力、つまり意志（Wille）をもっている。諸法則からさまざまな行為を導き出すためには理性（Vernunft）が必要なのだから、意志とは実践理性に他ならない[86]。もし理性が意志をかならず規定するとしたら[87]、理性的存在の客観的に必然的であると認識された諸行為は、主観的にも必然的である。言い換えれば、意志とは、理性が傾向性か

（84）カントは『判断力批判』において「世界福祉（Weltbeste）」を、道徳的諸法則の遵守に合致する、世界において実現されるべき理性的存在の幸福であると説明している（V 450）。その点で、ここでの「福祉」と訳したbeste は、道徳的な「よい」よりも、幸福における「よい」の最上級であろう。ただし、この幸福には、それに先行して、道徳的諸法則の遵守という「幸福であるに値すること」（IV 393）が行われるという条件が存することを見逃してはならない。

（85）これは本書第一章における「ふつうの道徳的理性認識から哲学的な道徳的理性認識への移行」のことを指している。

（86）「意志とは実践理性に他ならない」というカントの主張は、私たちを困惑させるものであるとKlemme は指摘する。意志は欲求能力であり認識能力ではないからである。Klemme はそこで、意志が実践理性であるのは、意志が、法則に基づいた行為を認識する限りであると指摘する。このとき、意志に「法則に基づいた行為」を認識させるのは純粋理性である。（Klemme, S. 91）

（87）「理性が意志をかならず（unausbleiblich）規定する」とは、理性が意志を規定すれば、意志規定がそれとして実現するという意味である。

ら独立に実践的に必然的であるとして、つまり善として、認識するもの
だけを選び取る能力だということになる。しかし、理性がそれだけでは十分に意志を規定しないとしたら、すなわち、意志が〔理性の〕ほかに、客観的諸条件といつでも一致するわけではない主観的諸条件（なんらかの動機）のもとにもあるとしたら、一言で言えば、意志がそれ自体で完全には理性に適っていないとしたら（人間の場合、実際にそうである）、客観的には必然的であると認識されている諸行為が主観的には偶然的になり、そのような意志の規定は、それが客観的諸法則に適って行われるなら、強要である[88]。換言するなら、客観的諸法則の、なにか徹底的に善いわけでない意志に対する関係は、なんらかの理性的存在の次のような意志規定として表象される、すなわち、その意志規定はなるほど理性の諸根拠によるものではあるが、その諸根拠に当の意志がその自然本性上、必然的には従順でないような意志規定として表象される[89]。

なんらかの客観的原理が或る意志にとって強要的である限り、その原理の表象は、（理性の）命令とよばれ、この命令の定式は**命法**[90]（Imperativ）とよばれる。

すべての命法は、「べきだ（Sollen）」〔当為〕によって表現され、それによって、理性のなんらかの客観的法則が、主観的性状のゆえにそれによって必然的には規定されない意志に対してもつ関係（強要）を告げる。すべての命法は、なにかをすること、あるいはなにかをしないことが善いだろうと語る。しかし、命法がそう語りかけるのは、なにか或ることをするのが善いと自分に表象されるからといって、いつでもそれを行うわけではないような意志に対してである。しかし、実践的に善いのは、およそ理性の諸表象を介して、それゆえ主観的諸原因に基づいてではなく、客観的に、

すなわちあらゆる理性的存在にまさにそうであるがゆえに妥当する諸根拠に基づいて、意志を規定するようなものである。そうしたものは、快適なものから区別される。およそ快適なものは意志に影響を与えるものの、それは、あの人やこの人の感官に妥当するにすぎないたんなる主観的な諸原因に基づく感覚を介してのみであり、したがって、あらゆる人に妥当する理性の原理としてではない（原注3）。

（88）ここで「強要」と訳した単語（Nötigung）は、「強制」と訳すことも可能なものである。他方、「強制」はしばしば Zwang の訳語として選ばれる。しかし、カントは、『道徳形而上学』のある箇所では、「Nötigung（Zwang）」と記してもいる（VI 379）。細かく見るなら、行為における自分自身や他人に対する義務には「強制」が用いられ、その「強制」における行為主観の構造に「強要」が用いられると見ることもできる。この観点から、ここでは「強要」という訳語を採用する。

（89）ここには、意志と理性との関係をめぐる哲学的問題が表れている。ヴォルフやその流れをくむ人々と異なり、カントはクルージウスとともに、自由意志は必然的に知性（理性）認識に従うわけではないと考えている（Klemme, S. 93）。

（90）ここで「定式」と訳した原語は Formel である。以下、本書ではこの単語がしばしば使用されるが、定言的命法の「定式」化という意味を込めて「定式」と訳した。ただし、『実践理性批判』の序文から、カントがこの単語を数学における「公式」を意識しつつ使用していることが分かる。そこでは「公式」とは、「ある課題に従うためになにが行われねばならないかを、まったく厳密に規定して誤ることのないようにさせるもの」として説明されている（V 8）。

〔原注3〕欲求能力が諸感覚に依存していることが傾向性とよばれ、それゆえ、いつでも傾向性はなんらかの必要〔があることを〕を証明している。他方、なんらかの偶然的に規定可能な意志が理性の諸原理に依存していることは、関心とよばれる。したがって、関心が成立するのは、いつでもおのずから理性に適っているわけではないような、依存的な意志の場合だけである。神的な意志になんらかの関心があるなどとは思えない。しかし人間の意志にも、なにか或るものになんらかの関心を抱きながら、それだからといって関心というものに基づいて行為するわけではない、ということがあり得る。前者の関心は行為への実践的な関心を、後者の関心は行為の対象への感受的な関心を意味する。前者は、もっぱら意志が〈理性それ自体の諸原理〉に依存していることを示しているが、後者は、意志が〈傾向性のための理性の諸原理〉に依存していることを示している。後者の場合、理性は、どうやったら傾向性の必要が満たされるかという実践的な規則だけを提示するからである。前者の場合には行為が、後者の場合には行為の対象（それが私にとって快適である限りにおいて）が、私に関心を起こさせる。私たちが第一章で見たことだが、義務に基づく行為の場合、対象に対する関心ではなく、
(414) もっぱら行為自身と理性のうちなるその原理（法則）に対する関心に注意が向けられねばならない。

(414) なんらかの完全に善い意志は、そうしてみると〔それ自体で完全に理性に適っているわけではない意志と〕同様に〈善の〉客観的な諸法則のもとにあるのだろうが、そうした諸法則によって法則に適った諸行為へと強要されるものとして表象されることはできないだろう。なぜなら、そうした意志はおのずから、その主観的性状のゆえに、善の表象によってのみ規定され得るからである。したがって、神的なまた一般的に神聖な意志には、いかなる命法も妥当しない。そこは「べきだ」〔当

為〕にとって不適切な場所である。なぜなら、意志作用（Wollen）がすでにおのずから法則と必然的に一致しているからである。こうしてみると、命法とは、意志作用一般の客観的法則が、あれこれの理性的存在がもつ意志の、たとえば人間の意志の、主観的な不完全性に対してもつ関係を表現する定式にすぎない。

さて、一切の命法は仮言的（hypothetisch）に命じるか定言的（kategorisch）に命じるかのいずれかである。[91] 前者〔仮言的命法〕はなんらかの可能な行為が、ひとの意志する（あるいは、意志することが可能な）なにか別のことを実現するための手段として、実践的に必然的であることを表す。定言的命法はなんらかの行為を、当の行為自身のためのものとして、なんらかの他の目的への関係なしに、客観的に必然的であると表すものだろう。[92]

どのような実践的法則もなんらかの可能な行為を善いと表し、それゆえ理性によって実践的に規

(91) カントは『純粋理性批判』で提示した〈判断の表〉（A70/B95）において、関係にかんする判断を「定言的」、「仮言的」、「選言的」の三つに区分している。このうち、定言的な判断は〈主語と述語との関係〉を表現し、仮言的な判断は〈根拠と帰結との関係〉を表現するものである（A73/B98）。

(92) ここで命法がその必然性の所在の差異に基づいて批判的に二つに分類されるが、仮言的命法については直接法で、定言的命法については接続法で表現されている。これは、定言的命法について、ここでは〈そういうものがあるとすれば〉という留保がいまだ付されていることを意味している。なお、命法の拘束力について、バウムガルテンは区別を設けなかったが、クルージウスは「法則的拘束力」と「怜悧の拘束力」とを区別した（Klemme, S. 98）。

定されることが可能な主体にとって必然的であると表すがゆえに、すべての命法は、なんらかの点で善い意志の原理に従って必然的である行為を規定する定式である。さて、行為がもっぱらなにか他のもののために手段として善いとしたら、その命法は仮言的である。行為がそれ自体で善いと表される場合、すなわち、行為がなんらかのそれ自体で理性に適っている意志において必然的であると、すなわち、当の意志の原理であると表される場合、その命法は定言的である。

それゆえ、命法は、私の行うことが可能な行為のどれが善いだろうかを語り、また、ある行為が善いからといってただちにそれを行うわけではないような意志への関係における実践的規則を表している。なぜなら、一方で、主観が、その行為が善いということをいつでも分かっているわけではないからであり、一方で、主観がそれを分かっていたとしても、それでも当の主体がもっている諸格率が、実践的な理性の客観的諸原理に反しているかもしれないからである[93]。

こうしてみると、仮言的命法は、行為がなんらかの可能的なあるいは現実的な意図のために善い
(415) ということだけを語る。前者の場合、仮言的命法は、**蓋然的**に実践的な原理であり、後者の場合、**実然的**に実践的な原理である。定言的命法は、行為をなんらかの意図への関係なしに、すなわちなにか他の目的なしでも、それだけで客観的に必然的であると宣言するものであり、**確然的**に実践的な原理として妥当する[94]。

なんらかの理性的存在の力によってだけ可能なものは、なんらかの意志にとっても可能な意図として思い描くことができる。したがって、行為の諸原理には、その行為がそれによってもたらされ得るなんらかの可能な意図に到達するために必然的だと表象される限り、実際のところ無限に多く

のものがある。すべての学問はなんらかの実践的部門をもっているが、その部門は、なんらかの目的が私たちにとって可能であると示す諸課題と、その目的をどうやって達成できるかを示す諸命法とからなっている。その点で、これらの命法は一般に**熟練**（Geschicklichkeit）の命法だということができる。目的が理性的であり善いものであるかどうかは、ここではまったく問題にならない。もっぱら当の目的を達成するためになにがなされねばならないかだけが問題なのである。医者が自分の患者を根本的な仕方で健康にするための指図〔処方〕と、毒殺者がその相手を確実に殺すための指図〔処方〕とは、それぞれが自分の意図を完全に達成するのに役立つという限りでは同等の価値をもっている。ひとはまだ若いうちには、〔今後の〕人生でどんな目的を自分がもつようになるだ

（93）ここに挙げられた二つ目の理由は、行為の善さを分かっていながらも、それを格率に取り入れていない場合を示唆している。これは、たとえば、なんらかの行為共同体の一員として、当の共同体を維持するためにどんな行為をするのが善いのかを分かっていながら、その行為を他人に任せて、自分はその責任を負うつもりがないような場合のことである。理性によって実践的に〈それがあるべきことか〉を考えるなら、そうした振舞いは他人と共有できる客観的なものでないことが明らかになるがゆえに、ここでは、当の格率が「実践的な理性の客観的諸原理に反しているかもしれない」と記されている。この記述には、カントが人間の意志に対して〈弱さ〉の可能性を認めるのみならず、〈不純さ〉の可能性をも認めていることが表れている。

（94）この段落で言及される「蓋然的（problematisch）」「実然的（assertorisch）」「確然的（apodiktisch）」は、『純粋理性批判』で提示される〈判断の表〉の「様相」に対応する（A70/B95）。蓋然的判断は「AはBかもしれない」と、実然的判断は「AはBである」と表現できる。確然的判断は「AはBでなくてはならない」と表現できる、必然性の意識を伴う判断である。

ろうかなど分からないがゆえに、両親はとりわけ自分の子どもたちに実にさまざまなことを学ばせようと努め、ありとあらゆる任意の諸目的のための手段を用いるための熟練を身につけさせようと配慮する。〔もちろん〕両親はそうした諸目的のいずれについても、それがいつかほんとうに将来的に、自分たちの子どものひとつの意図になり得るかどうかを決めることなどできない。しかし、それでも子どもがいつかそうした諸目的をもつかもしれないのは可能なことである。他方、このような配慮があまりに大きいので、両親は子どもたちに対して、当人たちがもしかすると目的にするかもしれないものの価値にかんする判断を陶冶したり修正したりすることを概して怠りがちになるのである。(95)

しかしながら、一切の理性的存在(命法というものがそうした存在に、すなわち依存的な存在に適合する限りで)において現実に前提され得るようなひとつの目的が存在する。すると、一切の理性的存在が、およそたんにもつことができるというだけではなく、そうではなく、一切の理性的存在がそれを総じてなんらかの自然必然性に従ってもっていると、確実に前提され得るようなひとつの意図(96)が存在することになる。それは、幸福への意図である。仮言的命法が幸福を促進するための手段としての行為の実践的必然性を表すものであるなら、その仮言的命法は**実然的**である。この命法は、なんらかの不確実なたんに可能的な意図のために必然的なのだと言われてよいようなものではなく、むしろ、あらゆる人間においてその本質に属するがゆえに、確実にそしてア・プリオリに前提され得るような意図のために必然的なのだと言われてしかるべきである。さて、自分自身の最大の幸せのための手段を選択するに当たっての熟練が、最も狭い意味で怜悧(Klugheit)(原注4)とよばれることができる。すると、自分の幸福への手段の選択にかかわるこの命法は、すなわち怜悧の指図は、いぜんとして仮言的である。つまり、行為がたんてきに命じられることはなく、なんらかの他の意図のための手段としてだけ命じられるのである。

（原注4）怜悧という語は二通りの意味でとられる。それは、第一に世間的怜悧と、第二に私的怜悧と言い換えることができる。前者は、ある人間が、他人を自分のさまざまな意図のために使用するために、他人に影響を与えることに熟練していることである。後者は、これら一切の意図を自分自身の持続的な利益に向けて統合する分別である。この後者こそが、本来、前者の価値さえもそれへと還元されるものである。だから、前者の仕方で怜悧であっても、後者の仕方で怜悧でないような人については、あの人は利口で抜け目がないが、それで

（95）カントは『判断力批判』のために準備した序論（第一序論）で、「熟練の命法」についてひとつの注を書いている。そこで彼は、この段落で書いた「熟練の命法」のことがらと、前段落で言及された「蓋然的に実践的原理」とを重ね合わせ、自分が「蓋然的命法」という「矛盾した」表現を用いたことについて訂正を試みている。（命法は、意志を強要する命令を定式化したものなのに、それについて「蓋然的」と形容する不都合は、「税金を払うべきかもしれない」という命題の不都合を考えてみれば明らかだろう。）「蓋然的命法」という名称を撤回し、この『基礎づけ』でも後に用いられる「技術的命法」という表現に統一するというのがカントの意図である（XX 200Anm.）。しかし、実際には、ここで「蓋然的命法」という表現は用いられていない。なお、「第一序論」における この記述は、刊行された『判断力批判』の序論には見られない。

（96）意図と目的については、注45、46を参照。

も全体としては怜悧でない、と言う方がより適切だろう。

最後に、一定の振舞いによって達成可能ななにか他の意図を条件として根拠にすることなしに、当該の振舞いを直接的に命じる命法が存在する。このような命法は**定言的**である。この命法は、行為の質料やその行為によって実現するはずのものにかかわるものではなく、〔行為の〕形式やその行為自身がそこから帰結する原理にかかわるのであり、当該の行為の本質的な善は、その行為が実現するものがなんであろうと、心術に存する。このような命法が**道徳性**（Sittlichkeit）の命法ということになるだろう。

このような三様の諸原理に従う意志作用は、意志の強要における違いによっても、判明に区別される。そこで、そのような違いをもっとはっきりさせるには、私が思うには、三つの原理をその順序に従って、次のように名指すのが最も適切であろう。すなわち、それらの諸原理は、熟練の規則であるか、怜悧の助言で(97)あるか、道徳性の命令（法則）(98)であるかのいずれかだと言うのである。というのは、法則だけが、無条件的なしかも客観的な、したがって普遍的に妥当するような必然性の概念をもち合わせているからであり、また、命令とは、それに服従しなくてはならない法則、言い換えれば、傾向性に反してもそれに応じなくてはならない法則だからである。助言することはなるほど必然性を含んでいるが、その必然性は、この人にとっての幸福がこれだろうと、あの人にとっての幸福はあれだろうという、もっぱら主観的で偶然的な条件(99)のもとで妥当できるにすぎない。これに対して、定言的命法はいかなる条件によっても制限されず、絶対的に――とはいえ実践的に

——必然的なものとして、まったく言葉通りの意味で命令とよばれることができる。この第一の命法は技術的（技巧に属す）と、第二の命法は実用的（原注5）（福祉に）と、第三の命法は道徳的（自由な振舞い一般[100]に、すなわち道徳に属す）とよぶこともできるだろう。

（原注5）実用的（pragmatisch）という語の本来の意義は、このようにすることで最も精確に規定できると思われる。というのは、〔国事詔書（pragmatische Sanktion）[101]において〕詔書が実用的〔すなわち、国事の〕とよばれることができるのは、それらがもともとは、必然的法則としての国家の法に由来せず、普遍的な福祉への配慮に由来するからである。ある歴史が実用的に執筆されているのは[102]、それが怜悧をもたらす場合、すなわ

（97）この「怜悧の助言（Ratschlag）」についてPhB版の注は、これが一八世紀によく読まれた、クセノフォンの『ソクラテスの思い出』の影響を受けているという、ノルベルト・ヒンスケの見解を紹介している。

（98）ここで「道徳性の命令」についてのみ「法則」と付記されることで、狭義の「法則」概念が提示されたことになる。これまでは、「実践的法則」に「熟練の規則」も「怜悧の助言」も含まれていた。これを広義の「法則」概念と捉えることができるだろう（Klemme, S. 102f.）。

（99）「偶然的な（zufällig）」と訳した単語は、カントの原文では「好ましい（gefällig）」である。ここではPhB版の変更に従うが、同様の変更をアカデミー版全集なども採用している。

（100）クレメは、カントが本書ではここで初めて定言的命法と自由とを連関させていることを指摘する（Klemme, S. 103）。ここではさらに「自由な振舞い一般」が「道徳（Sitte）」と言い換えられていることも注目に値する。

（101）神聖ローマ皇帝カール六世が一七一三年に発布した「国事詔書」がある。この詔書に基づいて、マリア・テレジアがハプスブルク諸領邦を継承した。

ち、それが現世の人々に、どうすれば自分たちの利益を往時の人々よりもよりよく、あるいは少なくとも同程度には手に入れることができるかを教える場合、である。

さて、次の問いが立つ。〈これらすべての命法はどのようにして可能なのか〉。この問いが知ろうとしているのは、〈命法の命じている行為の遂行がどのように考えられ得るか〉ではなく、〈命法が課題において表現している、意志の強要がいったいどのように考えられ得るか〉である。なにか或る熟練の命法がどのようにして可能であるかは、おそらくいかなる特別な究明も必要としない。およそ目的を意志するような人は、（理性が当人の行為に決定的な影響を及ぼしている限り）、その目的にとってなくてはならない必然的な手段で、当人が行使できるものもまた意志する。この命題は、意志作用についてなら、分析的である。というのは、なんらかの客観を私がひき起こした結果として意志することの中には、すでに行為する原因[103]として私のもっている原因性が、すなわち手段の使用が、考えられているからであり、この命法が、〈この目的のために必然的な諸行為の概念〉をすでに〈この目的を意志することという概念〉から引き出しているからである。（なんらか意図されたもののための手段そのものを規定するには、たしかに総合的命題が必要だが、しかし、この総合的命題は、意志のはたらきを実現することの根拠にではなく、客観を実現することの根拠にかかわるものである。）ひとつの線分をひとつの確実な原理に従って二等分するために、私は線分の両端から互いに交わる二つの円弧を描かねばならない。このことを数学はもちろん総合的命題によってのみ教える。しかし、〈そうした行為によってのみ上述の結果が得られることを私が知っている場合、私が結果を完璧に意志するなら、私はそのために必要な行為をも意志する〉というのは分析的命題である。というのは、なにか或るものを私が特定の仕方で実現できると表象することと、その可能な結果を顧慮して当該の仕方で行為する私を表象することとは、まったく同一だからである。

怜悧の命法は、幸福についてなにか明確な概念を与えることがとても容易でありさえすれば、熟練の命法とすっかり一致するだろうし、同様に分析的であろう。というのは、この場合も熟練の命法の場合と同様に、およそ目的を意志するような人は、その目的のために当人が行使できるさまざまな手段をも（理性に適って必然的に）意志する、ということになるだろうからである。しかし、(418) 不運なことに、幸福の概念はとても不明確であり、たとえ人間誰もが幸福を手に入れたいと願って

(102) 歴史書には「実用的歴史」という表題をもつものがある。この表現は、古代ギリシアに淵源をもつものだが、カントの時代では、ケーラー（Johann David Köler, 1684-1755）が historia pragmatica という表現を用いている。Vgl. Manfred Hahn, "Geschichite, pragmatische", in: Joahim Ritter, Karlfried Gründer, Gottfried Gabriel (Hrsg.), *Historisches Wörterbuch der Philosophie*, SchwabeAG · Verlag, Basel u. Stuttgart 1971ff. なお、カントの文脈とは異なるが、後年、フィヒテが「知識学は人間精神の実用的歴史であるべきものだ」と記している。フィヒテ、隈本忠敬訳『全知識学の基礎』、フィヒテ全集第四巻、哲書房、一九九七年、二三三頁。

(103) ここで「行為する原因」と訳出した handelnde Ursache は、ラテン語の causa agens に相当する。*ONOMASTICON PHILOSOPHICUM* によれば、この言葉をクルージウスが *Weg zur Gewißheit und Zuverlässigkeit der menschlichen Erkenntnis*, Leipzig 1747 において「作用因（wirkende Ursache）」の意味で用いていることを踏まえるなら、この「行為する原因」を「作用因」と読み替えることができるだろう。Ken Aso et al. (Hrsg.), *ONOMASTICON PHILOSOPHICUM*, Verlag Tetsugaku-Shobo, Tokyo 1989, S. 44.

いるとしても、それでも人間は、自分がいったいなにを願い意志しているかを明確にそして自分自身に一致するかたちで語ることがけっしてできない。その原因は、幸福の概念に属するすべての要素が総じて経験的であり、言い換えれば、経験から借りて来られねばならないが、それにもかかわらず、幸福の理念[104]のためには、ひとつの絶対的全体が、すなわち私の現在の状態とあらゆる未来の状態における最大限の満足が、必要だからである。さて、きわめて洞察力に富み同時にこの上なく万能の人であっても、それでも有限な存在であるなら、自分がここで〔つまり、幸福が話題である場合に〕いったいなにを意志しているかについて、なんらかの明確な概念を作り出すことは不可能である。その人が富を手に入れることを意志するとしたら、それによってなんと多くの心配、妬み、せびりを背負いこむことになるだろうか。その人が認識と洞察をたくさん手に入れようと意志するとしたら、たぶんそれは、それだけ鋭い目をもたらすにすぎないだろう。それは、当人にはいまはまだ知られずにいるが逃れることのできない災いを、当人に対してそれだけ恐ろしく突きつけることになるだろうし、あるいは、その人をもう十分に煩わせている当人の欲望に対してもっと多くの必要を押しつけることになるだけだろう。その人が長生きを意志するとしたら、それが長く続く悲惨にはならないだろうと誰が当人に保証するだろうか。その人がせめて健康を意志するとしても、もし無制限に健康であったとしたら陥ったかもしれない自堕落から、これまで身体の不調がどんなにしばしば守ってくれたことだろう、等々。要するに、その人が、自分を真に幸福にするだろうものはなにかを、なにかひとつの原則に従ってまったく確実に決定することなど不可能なのである。なぜなら、そのためには全知が必要となるはずだからである。こうしてみると、ひとは幸福になる

（419）

ために、明確な諸原理に従って行為することはできず、ただ経験的な忠告に従って行為できるだけである。たとえば、食養生、倹約、礼儀正しさ、控えめな態度、などである。こうした態度が平均していちばん多くの満足をもたらすことは、経験が教えてくれる。ここから以下のことが帰結する。怜悧の諸命法は、精確に言うなら、まったく命令することができない、すなわち、諸行為を客観的に実践的に必然的であると描き出すことができない。怜悧の諸命法は理性の命令（praecepta）というよりもむしろ理性の勧め（consilia）[105]であると考えられるべきである。どのような行為が理性的存在たるものの幸福をもたらすだろうかを確実にそして普遍的に決めよという課題はまったく解決不可能であり、したがってこの課題にかんして、幸福をもたらすことを行うように厳密な意味で命じるいかなる命法も可能ではない。なぜなら、幸福は理性の理想ではなく、構想力の理想[106]だからである。この理想はもっぱら経験的な諸根拠に基づいていて、そうした根拠がひとつの行為を規定するはずだとしても、それによって実際は無限な諸帰結の系列の全体性が達成されるだろうと期待するのは無駄なことなのである。ともあれ、このような怜悧の命法は、幸福への手段が確実に示され得

(104)　幸福が「理念」であること、それも不安定な理念であることは、本書三六頁（399）を参照せよ。また、「理念」を「絶対的全体」として捉える見方は、『純粋理性批判』で詳しく展開されている（A327/B383, A418/B445参照）。なお、ここで「絶対的」という表現は、「なにかあるものがすべての関係において（無制限に）妥当する」（A324/B381）という意味である。

(105)　レフレクシオーン7018でカントは、実践的規則を実用的、倫理的、法理的の三つに分け、実用的な実践的規則にconsiliaという表現を与えている（XIX 228）。

ると想定するなら、ひとつの分析的な実践的命題ということになるだろう。というのは、この怜悧の命法が熟練の命法から区別されるのは、熟練の命法の場合には目的がたんに可能的であるにすぎないが、怜悧の命法の場合には与えられているという点においてだけだからである。こうした区別があるといっても、どちらの命法ももっぱら或るものを手に入れるための手段を命じるものであり、ひとがその或るものを目的として意志していることは前提されているので、その目的を意志している人にとってその手段を意志することを命じる命法は、どちらの場合でも分析的なのである。すると、そのような怜悧の命法の可能性にかんしてもなんら困難が存しないことになる。

これに対して、〈どのようにして道徳性の命法が可能であるか〉は、疑いようもなく、なんらかの解決を要するただひとつの問いである。なにしろこの命法はまったく仮言的なものでなく、それゆえ、さまざまな仮言的命法の場合のように、〈客観的に表象された必然性〉がなんらかの前提に依拠することができないからである。いつでもこのことが問われる際に注意されねばならないのは、なにか或るそのような命法がいったい存在するのかどうかは、けっして実例によって、したがって経験的に、決定され得ないということではない。むしろ懸念されねばならないのは、定言的に見えるすべての命法が実は目に見えないかたちで仮言的であるかもしれないということである。たとえば、「君は偽りの約束をすべきでない」と言われている場合、ただし、それをしないことの必然性が、なにか他の災いを避けるためのたんなる助言などではけっしてないと受け取られるとしたら、すなわち、「偽りの約束は、それが明らかになれば君の信用を台無しにするのだから、そうならないように君は偽りの約束をすべきでない」というように言われているると受け取られるのではないと

〔420〕

したら、したがって、〈なにかその種の行為はそれ自身で悪と見られねばならず、それゆえ、この禁止の命法は定言的である〉と主張される場合、それでも、この際に意志が——たとえそう見えるとしても——他の動機なしにたんに法則によって規定されているのだと実例において確実に示すことはできない。というのは、いつでもあり得ることだが、ひそかに恥への恐れや、もしかすると他のさまざまな危険への漠とした心配も、意志に影響しているかもしれないからである。なんらかの原因の非存在を誰が経験によって証明できるだろうか。経験は、私たちがその原因を知覚しないという以上のことを教えてくれないのだから。以上のような〔経験に依拠した〕場合、いわゆる道徳的命法は、道徳的なものとしては定言的で無条件的なものとして現れはするが、実際は、私たちの注意を自分の利益に向けさせて、私たちにその利益に気をつけるようにと教えるばかりの、たんに実用的な指図にすぎないことになるだろう。

それゆえ、私たちは定言的命法の可能性をまったくア・プリオリに探究しなくてはならないだろう。というのは、定言的命法の場合、私たちにはその現実性が好都合にも経験の中で与えられてい

(106) 「理想」については、注70を参照せよ。ここで「構想力」の理想という表現が用いられるのは、ここでの理想が、推理の能力としての純粋理性によって導出されるものではなく、経験的諸根拠に基づいているからであり、しかもそれは〈いまここに〉ある状態として直観されるのでなく、〈いまここにはない〉状態として思い描かれるからである。他方、構想力の「理想」という表現が用いられるのは、幸福として思い描かれるのは、一人の人間であり、ひとつの社会だからである。理念一般の中でも理想が個体的存在にかかわることについても、同じ注を参照のこと。

るのだから、〔その〕可能性は〔定言的命法の〕確立のためにではなく、たんに説明のために必要なのだという具合にはいかないからである。ともあれ、次のことだけはあらかじめ洞察されねばならない。〔第一に〕[107]、定言的命法だけが、実践的**法則**としての響く[108]のであり、それ以外の命法は総じて、なるほど意志の諸原理のことではあり得ても〔意志の〕諸法則のことではあり得ないのであり、その理由は、およそなんらかの任意の意図を達成するためにだけ行うことが必然的なことは、それ自体では偶然的であると見られねばならず、私たちがその意図を放棄するなら、いつでも私たちはその指図から解放され得るからであり、それに対して、無条件的な命令は、意志に対して〔命じられた行為とは〕反対の行為を好き勝手に行うことをけっして自由に委ねることなく、したがって、それだけで私たちが法則に対して求める必然性を備えているからである。

第二に、このような定言的命法あるいは道徳性の法則の場合、〔その可能性を洞察する〕のが難しくなることにはやはりたいへん重大な根拠がある。定言的命法は〈ア・プリオリな総合的で実践的命題〉（原注6）であり、この種の諸命題の可能性を洞察することには、理論的認識において多くの難しさがあるので、実践的認識においてもそれに劣らぬ難しさがあるだろうということが容易に推測され得る。

（原注6）私は、なんらかの傾向性に基づく条件を前提することなしに、意志と行い[109]とをア・プリオリにしたがって必然的に結びつける（もっともそれは、たんに客観的に、言い換えれば、一切の主観的な動因をまったく支配しているような理性という理念のもとで、である）。すると、このような結合は、なんらかの行為を意志す

ることを他のすでに前提された意志作用から分析的に導出するような実践的命題ではなく（というのは、私たちはそのような完全な意志をもっていないから）、なんらかの行為を意志することを、理性的存在たるものとしての意志の概念と直接的に、その概念に含まれていないものとして、結びつけるような実践的命題である。(110)

この課題〈定言的命法の可能性をまったくア・プリオリに探究すること〉に向かうにあたり、私たちは、はじめに次のことを探究しよう。もしかすると〈定言的命法というたんなる概念〉が〈定言的命法の定式〉をも提供しないかどうか、その定式が、それだけがなんらかの定言的命法であり得る

---

(107) 次の段落の冒頭にある「第二に」に対応する「第一に」は原文には見られないが、ここに入るべきものと解釈する。

(108) ここで「響く」と訳した lauten は、「～という内容である」という意味の単語でもあるが、ここでは実践的法則の意識を表現すべく「響く」と訳した。

(109) ここで「行い（Tat）」とは、事実として見定められた〈自由な行為〉、あるいは〈自由意志に基づく行為〉のことである。

(110) この注は、カントが、定言的命法が「ア・プリオリな総合的命題」であると主張する際に、どのような総合〈結合〉を考えているかを理解するために重要である。まず、この結合は「客観的」に考えられている。次に、結合されるのは〈意志の概念〉と〈ある行為の意志作用〉である。このとき前者は「理性的存在たるもの」と把握されている。「意志とは実践理性に他ならない」（本書六七頁、412）からである。他方、後者は「行い（Tat）」と表現されている。これは「ある行為の意志作用」を概念的に理解することではなく、それを実際に意志することを意味している。

ような命題を含んでいるのではないか、と。というのは、たとえ定言的命令がどのように響くかを私たちが知るとしても、そのような絶対的な命令がどのようにして可能であるか〔という問題を解決するに〕は、なお特別で困難な努力を必要とすることになるだろうからである。そこで、そのような努力を私たちは最終章[111]で行うことにしよう。

私がなんらかの仮言的命法を一般的に思い浮かべる場合、それがなにを含んでいるかを私が前もって分かるということはない。私にとって条件が所与のものになるまでは、そうである。他方、私がなんらかの定言的命法を思い浮かべるとしたら、それがなにを含んでいるか私にはただちに分か
(421)
る。というのは、この命法は、法則の他には、格率（原注7）がその法則に適合すべきだという必然性だけを含んでいて、当の法則はみずからを制限した条件を含んでいないのだから、残っているのは、[113]行為の格率がそれに適合しているべき[112]法則一般のもつ普遍性に他ならないからである。定言的命法はもともとそうした適合だけを必然的なものとして表現しているのである。

(421)
（原注7）格率は、行為するための主観的原理であり、客観的原理すなわち実践的法則から区別されねばならない。格率は実践的規則を含んでいて、この規則は理性が主観の諸条件に適合して（ときには主観の無知やさまざまな傾向性に適合して）規定する。それゆえ、格率は主観がそれに従って行為する原則である。他方、法則は客観的原理であり、あらゆる理性的存在に妥当し、理性的存在がそれに従って行為すべき原則すなわち命法である。

そうしてみると、定言的命法はただひとつだけであり[114]、詳しく言うと次のようなものである。君が当の格率によって、同時に、当の格率がひとつの普遍的法則となることを意志できるような、そのような格率だけに従って行為せよ。

さて、義務のすべての命法が、その原理としてのこの唯一の定言的命法から導出され得る[115]としたら、いったいおよそひとが義務とよぶようなものが空虚な概念でないかどうかは未決のままにするとしても、それでも私たちは少なくとも、〈ひとが義務とよぶものによってなにを考えているか〉、また〈この概念がなにを言おうとしているか〉を示すことができるだろう。

---

(111) 本書第二章は、定言的命法がどのような命題に定式化されるかを明らかにし、その命題がどのようにしてア・プリオリな総合的命題として可能であるかは、第三章（最終章）で論究される。

(112) 「行為の格率がそれに適っているべき」という表現は、カントの原文では「法則」を修飾するが、PhB版は「普遍性」を修飾すると読むことを提案している。

(113) この「定言的命法は」という主語は、カントの原文では目的格だが、諸家の修正提案に従い、主格に変更して読む。

(114) この表現に基づき、次に提示される定言的命法を以下の注では〈唯一の定言的命法〉とよぶことにする。ウッドはこれを"Formula of Universal Law"（普遍的法則の定式）と名づけている。Allen Wood, *Formulas of the Moral Law*, Cambridge, 2017, p. 6.

(115) 「導出され得る」の主語が、ここでは「義務のすべての命法」であり、「義務」ではない。しかし、本書の後の箇所（本書九三頁以下、423f.）では、「義務」が導出されると記されている。その点で、「義務のすべての命法」とは、命法として意識されるすべての義務のことであると解することができる。

法則は、それに従ってさまざまな結果が生じるものだが、そうした法則のもっている普遍性が、もともと最も一般的な意味で自然（形式面での）とよばれるものを決定する、すなわち〈普遍的な諸法則に従って規定されている限りでの諸物の現存在〉を決定するがゆえに、義務の普遍的な命法は次のようにも言い表すことができるだろう。あたかも君の行為の格率が君の意志によって**普遍的自然法則**になるべきであるかのような、そのような行為をせよ。(116)

ここで私たちはいくつかの義務を、私たち自身に対する義務と他人に対する義務、完全義務と不完全義務という、義務の通常の区分に従って挙げよう（原注8）。

（原注8）ここでしっかり覚えておいていただかねばならないのは、私はさまざまな義務のこの区分を将来の『道徳形而上学』にまで全面的に留保しておくのであり、それゆえここでの区分はたんに任意に（私の挙げる例を順序づけるために）設定されている、ということである(117)。ついでながら、ここで私の言う完全義務とは、傾向性の利益のためにけっして例外を認めない義務のことである。また、私はここで外的な完全義務のみならず、内的な完全義務をも扱う。これは、学校で採用されている用語法に反するものだが(118)、私がここでその弁明をするつもりだと思われてはならない。なぜなら、人々がこれを私に許すか許さないかは、私の意図にとってどうでもよいことだからである。

（一）(119) ある人が、連続してひどい目にあって希望を失うまでになり、生きていることへのなにか（422）嫌気のようなものを感覚するようになっているが、それでも、自分から生命を奪い去ることがはた

して〈自己自身に対する義務〉に反していないかどうかと、自分自身に問うことができるほどには

（116）この命法を以下の注では〈自然法則の定式〉とよぶことにする。ウッドはこれを"Formula of the Law of Nature"（自然の法則の定式）と名づけ、〈唯一の定言的命法〉とともに「第一の定式」に位置づけている。Wood, *ibid.* この命法で格率が形式的な普遍的自然法則になるとは、〈諸物の現存在〉が、格率を介して表象される〈普遍的な諸法則に従って規定されている〉状態になることであり、そのポイントは、当該の状態がすでに〈規定されている〉のであり、もはや理性によって新たに規定できない状態にある、ということに存する。なお、『実践理性批判』にも〈自然法則の定式〉への言及が見られる（V 69f.）。そこでは自然法則は「自由の法則の範型」として位置づけられる（V 70）。

（117）この注記は、カント倫理学を誤解しないために重要である。まず、本文で示される義務の区分は暫定的なものにすぎず、その完成形態は『道徳形而上学』を待たねばならない。なお、この表題の著作をカントは『純粋理性批判』を刊行するだいぶ以前の一七六〇年代から構想していた。次に、本文で挙げられるのはあくまで「例」にすぎない。これは、カントが自らの倫理思想を体系的に提示するための記述ではなく、彼が提示した「唯一の定言命法」とそれに続く〈自然法則の定式〉について、既存の道徳から「例」を求めて、それに適用してみせるための記述なのである。

（118）PhB版の注では、「学校で採用されている用語法」と記すときカントの念頭にあるのは、グロティウス、プーフェンドルフ、トマジウス、ズルツァーのような自然法哲学者たちであり、彼らが完全義務を「外的に強制可能な行為」としていたことであると指摘されている（PhB 99）。他方、カントはここで完全義務を外的と内的とに区別するので、完全義務に内的なものを認めることになる。なお、晩年の『道徳形而上学』でも完全義務としての「法義務」において（さらには「徳義務」においても）「内的」と「外的」との区別が継承されている（VI 237, 398）。

まだ理性を保っているとしよう。ここで当人は、自分の行為の格率がはたして普遍的自然法則になり得るかどうかを試してみる。さて、当人の格率は、〈さらに長い期間生きることが快適さを約束する以上に多くの災いをもたらす恐れがある場合、私の人生を切り縮めることを、私は自己愛に基づいて自分の原理とする〉というものである。そこでもはや問われるべきは、自己愛のこのような原理がひとつの普遍的自然法則になり得るかどうかだけである。しかし、このように問えば、ただちに次のことが分かる。感覚の使命は生きることを促すように駆り立てることであるのに、その感覚が生きることそのものを破壊することが自然の法則であるとしたら、そうした自然は自己矛盾していることになるだろうし自然として存立しないであろう。それゆえ、あの格率が普遍的自然法則として成立し得るということはありえず、したがって、あの格率は一切の義務の最上原理にまったく背反していることになる。

(二)[120] 別のある人が、困窮してお金を借りねばならないことに気づくとしよう。その人は、返済が不可能だということをよく分かってはいるが、はっきりと一定の期限までに返済すると約束しないなら、自分に一円も貸してもらえないだろうということも見てとっている。当人にはそうした約束をするつもりがあるものの、この人はそれでも、このようなやり方で困窮を免れることが許されないことではないか、また義務に反することではないかと自問するだけの良心を失っていない。それでも、その人がそうした約束をしようと決心したと仮定する。すると、当人の行為の格率は次のようになるだろう。〈私は、自分がお金に困っていると思うなら、お金を借りよう。そして、返済が実現しないだろうと分かっているとしても、返済すると約束しよう〉。さて、自己愛のあるいは自己都合のこのような原理は、もしかすると私の将来全体にわたる安寧とうまく一体化させられ得るかもしれないが、ここで問題なのは、この原理が正しいかどうかである。そこで、私はこの自己愛の要求をひとつの普遍的法則へと変換し、次のような問いを立てよう。〈私の格率がひとつの普遍的法則になるとしたら、いったいどのようなことになるだろうか〉。さてその場合、私は、私の格率がけっして普遍的自然法則として妥当するができず、また自分自身と一致できず、むしろ必然的に自己矛盾しなければならないことをただちに見てとる。というのは、〈誰でも、自分が困窮していると思うのであれば、思いつくことを、それを守らないつもりで約束できる〉という法則の普遍性はそれ自身で、約束とそれによってもつことのできる目的とを不可能にするだろうからである。それは、自分に対してなにか約束が行われたなどと誰も信じないだろうし、約束するなどという表現はすべて空虚な申し立てとして笑いとばされるだろうからである。

(三)[121] 三番目の人は、いくらか開発すれば自分をさまざまな意図において有用な人間にできるよ

(119) ここでは、自殺の禁止が「自己自身に対する完全義務」の例として挙げられる。この例を、自殺を絶対的に禁止する義務の導出であると誤解してはならない。まず、冒頭の「連続してひどい目にあって希望を失うまでになり、生きていることへのなにか嫌気のようなものを感覚するようになった」という〈条件〉が見過ごされてはならない。次に、そのような条件下の自殺が一般的に、形式的に〈不自然〉なことと受け止められている理由を説明することで、その背後にこのようなタイプの自殺の〈不合理〉を見いだし、その実相が格率における理性的普遍性の欠如だということを、カントは示唆しているのである。

(120) ここでは、守るつもりのない約束の禁止が「他人に対する完全義務」の例として挙げられる。

うな才能が自分にはあると思っている。しかし、当人は安楽な状態にあり、幸運にも自分に与えられた自然素質を拡張し改善しようと努力するより、むしろ楽しみを追求することを好んでいる。しかし、その人はかろうじてなお次のように問う。自分が自然から与えられたものを廃れさせてしまう自分の格率は、面白おかしく生きること自体への自分の性癖と一致してはいるが、この格率は義務とよばれているものとも一致するのだろうか、と。そうすることでその人は見てとることになる。たとえ人間が（南洋の住人のように）自分の才能を錆びつかせ自分の生命をもっぱら、ぶらぶらすること、面白おかしく生きること、性的なことをすることのために、一言で言えば、享楽のために用いようと思っているとしても、なるほどなんらかの自然はそうした普遍的な法則に従ってなお存立できる、と。しかし、その人は、こうした生き方がひとつの普遍的自然法則となることを、あるいは普遍的自然法則として私たちの自然本能になっていることを**意志する**ことができるはずがない。というのは、理性的存在たるものとしてその人は、自分の中にあるすべての能力が発揮されることを必然的に意志するからである。なぜなら、そうした能力は当人にとってさまざまにあり得る意図のためにきっと役に立つからであり、そのために与えられているからである。

（四）[122] さらに第四の人は、他の人々がたいへんな苦労と闘わねばならないのを目の当たりにしているのにひきかえ（加えて言うなら、この人はおそらくこの他の人々を助けることができるだろう）、息災に暮らしている。この人がこう考えるとしよう。〈それが私になんの関係がある。誰かある人が、天の意志によってか、その人自身の行いによってか、幸福になるとしても、私はその人からなにひとつとして奪うつもりはないし、それどころかその人をうらやむこともないだろう。ただし、その人の安寧のために、あるいは困窮しているその人を援助するために、私がなにか寄与しようとは思わない！〉と。さて、なるほどこのような考え方がひとつの普遍的自然法則になったとしても、人類はきっと十分に存続できることだろうし、また、〔一方では〕誰もが同情や仁愛についておしゃべりし、ときにはそれを実行しようと努力もするが、他方では、できさえすれば裏切りを行い、人間の権利を売り渡し、あるいはそうしないまでも毀損するような場合と比べるなら、疑いようもなくずっと上等に存続できることだろう。しかし、あの格率に従ってひとつの普遍的自然法則が十分に存立可能であるということが可能だとしても、それでも、そのような原理が自然法則としていたるところで妥当することを**意志する**ことは不可能である。というのは、それを決心するような意志は自分自身と対立することになるだろうからである。それは、その人が他人の愛や同情を必要としており、かつ、その人が、当人自身の意志に発したそのような自然法則によって、自分が願っている援助の希望をすべて自分自身から奪うことになるだろう、というような場合が生じる可能性がきっと少なからずあることによって、である。

さて、これらは多くの現実の義務あるいは少なくとも私たちが現実的であると認める義務のいく

(121) ここでは、才能の開発が「自己自身に対する不完全義務」の例として挙げられる。

(122) ここでは、困窮した他人への援助が「他人に対する不完全義務」の例として挙げられる。なお、原文では、先行する三つのタイプの人と異なり、「第四の人」だけがイタリックで強調されている。その代わり、原文には（四）という表記が欠けている。

つかであるが、これらの義務が上述の唯一の原理から導出されることは一目瞭然である。私たちの行為の格率がひとつの普遍的法則になることを、ひとは意志することができるのでなければならない。これが私たちの行為一般の道徳的判定の規準[123]である。いくつかの行為は、その格率が矛盾なしにけっして普遍的自然法則と考えられ得ず、ましてやそれが普遍的自然法則になるべきだとひとが意志することができるはずがない、という性質をもっている。他のいくつかの行為の場合、なるほどかの〔考えられ得ないという〕内的な不可能性は見出され得ないものの、それでも、そうした行為の格率がなんらかの自然法則のもつ普遍性にまで高められることを意志することは、そうした意志が自己矛盾することになるだろうがゆえに不可能である。容易に分かることだが、前者のような行為は厳格なあるいはより狭い（免除不可能な）義務に反し、後者のような行為はただより広い（功績となる）義務にだけ反する。すべての義務が、（その行為の客観にかんしてではなく）拘束力のあり方にかんして、これらの例が唯一の原理に依存していることを通して、このように完璧に挙げられたのである。

さて、なんらかの義務に違反するどのような場合でも、私たちが自分自身に注意を向けるなら、私たちは、自分の格率がひとつの普遍的法則になるべきだと現実には意志していないことに気づく。というのは、そんなことは私たちには不可能であり、むしろ自分の格率の反対の方がいつまでも普遍的にひとつの法則のままであるべきだからである。私たちは、自分のためならよいだろうと、あるいは（今度だけならよいだろうと）自分の傾向性の利益になるように、かの法則たるべきものに対して恣意的にひとつの例外を作っているにすぎない。したがって、もし私たちが一切のことを同じひとつの視点から、つまり理性に基づいて吟味するなら、私たちは自分自身の意志にひとつの矛盾を見いだすだろう。それは、なんらかの原理が客観的には普遍的法則として必然的でありながら、主観的には普遍的に妥当せず、むしろ例外を許してもらいたい、という矛盾である。しかし、私たちはまず自分の行為をまったく理性に適った意志という視点から、しかる後にまさに同一の行為を傾向性によって触発された意志という観点から考察するのだから、実際にはここに矛盾は存在しない。むしろ存在するのは、理性の指図に対する傾向性の抵抗（敵対関係）[124]である。この抵抗によって、原理の普遍性（universalitas）がたんなる一般的な妥当性（generalitas）に変えられること[125]になり、それによって実践的な理性原理が格率と中途半端に折り合うようにさせられるのである。さて、

(123) 「規準（Kanon）」という用語はすでに本書でも既出である（本書八頁、387）。この用語は、『純粋理性批判』の「超越論的方法論」にも表れているように、「訓練（Disziplin）」と対をなすものである。すなわち、「訓練」とは、行ってよいことといけないこととを区別し、行っていけないことへの性癖を制限・根絶しようとする消極的な営みであるが、他方、「規準」はなんらかの認識能力の正しい使用における原則となるものである。

(124) ここで言及される「敵対関係（antagonismus）」は、本書の前年一一月、『ベルリン月報』に発表された、カントの論文「世界市民的見地における普遍史の理念」において中心的な働きを担う概念である。（ただし、執筆時期は『基礎づけ』の方が先である。）そこでは、人間の二つの傾き、すなわち社会に入っていこうとする傾向性と、一人になろうとする性癖、によって形成される「非社交的社交性」のことが、この「敵対関係」という概念で表現されている。本書ではこの概念で、より単純に、〈傾向性〉と〈理性の指図〉との対抗関係が捉えられている。

(425)

このようなことが私たち自身の公平に行われる判断で正当化されることはあり得ないものの、それは、私たちが定言的命法の妥当性を現実には承認しながらも、（定言的命法へのたいへんな尊敬をもちつつ）自分に対して、いくつかの些細ではあるが自分にとっては抜き差しならないと思われるような例外だけは許容していることを証明している。

以上で、少なくとも私たちは次のことまでは明らかにした。それは、もし義務が私たちの行為にとって意義と現実的な立法[126]を含んでいるはずの概念であるとするなら、そのような義務はただ定言的命法においてのみ表現されることができ、けっして仮言的命法では表現されることができない、ということである。同様に、私たちは、これはこれで重要なことだが、（そもそも義務が存在しているとするなら）一切の義務の原理を含んでいるに相違ない定言的命法の内容を判明に、そしてどのような使用についても明確に示した。しかし、私たちはまだ次のことをア・プリオリに証明するには至っていない。それは、そのような定言的命法が現実に成立すること、たんてきにそして一切の動機なしにそれだけで命じるような実践的法則が存在すること、そしてそうした法則の遵守が義務であること、である。

この証明を実現しようとする際にきわめて重要なことがある。それは、〈このような原理の実在性を人間本性の特殊な性質から導出しようなどという気を起こしてはならない〉と自分を戒めることである。というのは、義務とは行為の実践的に無条件的な必然性であるはずだからであり、それゆえ、義務はすべての理性的存在（およそなんらかの命法はこうした存在にだけ該当し得るのだが）に妥当しなくてはならず、ただそれゆえにのみ一切の人間の意志にとっても法則たるものでなくてはならないからである。これに対して、人間性の特殊な自然素質から導出されたものは、すなわち、なんらかの感情や性癖から、それどころか場合によっては、なんらかの特殊な方向性――それを人間理性がもつかもしれないが、それがあらゆる理性的存在たるものの意志にとって必然的に妥当することはないに違いないだろう――から導出されたものは、たしかに私たちにとって格率となるものをもたらすことはできるが、しかし、いかなる法則をももたらすことはできない。〔言い換えれば〕そうしたものが主観的原理をもたらすことはできる。この原理に従って、私たちは、おそらく〔自分がこのように〕行為するだろうという性癖や傾向性をもっている。しかし、そうしたものが客観的原理をもたらすことはできない。客観的原理の場合、私たちは、たとえ自分の一切の性癖、傾向性、自然なあり方がそれに逆らっているとしても、それに従って行為するように導かれるだろう。さらに言えば、客観的原理は、主観的な諸原因がそれに賛成することが少なければ少ないほど、それに反対することが多ければ多いほど――それだからといって、法則による強要がいささかなりとも弱まることはないし、法則の妥当性からなにかが奪われることもない――、なんらかの義務に

(125) カントはここで、「普遍性（universitas）」には例外が認められないが、「一般的な妥当性（generalitas）」にはそれが認められることを示唆している。

(126) 義務が含んでいる「現実的な立法」には、〈なにを行うべきか〉という客観的な規定（法則）と〈それを自分が行うべきだ〉という主観的な規定（拘束力）との二面がある。この点は後年の『道徳形而上学』で明晰に説明される（VI 218）。

おける命令の崇高さと内的な尊厳を証明するのである。

さて、ここにいたって私たちは、哲学がまことにひとつの困難な立場に立たされているのを目の当たりにしている。その立場は、天にも地にもそれに掛けるものやそれを支えとするものがないにもかかわらず、〔それでも〕確固としたものであるべきなのである。ここで哲学はみずからの混じりけのなさを証明すべきである。すなわち、哲学は、〈なにか植え付けられた感覚やあるいはなんであれ後見人的な自然が自分に吹き込むような法則を、告げ知らせるもの〉ではなく、〈自分の諸法則をみずから保有するもの〉であることを証明すべきなのである。前者のような法則は総じて、まったくないよりはあった方がずっとましではあるが、けっして原則をもたらすものではない。原則を定めるのは理性であり、また原則はその源泉を徹頭徹尾ア・プリオリに有するのでなければならず、そうすることで原則は同時にその命令する威信をもつに相違ない。つまり、原則は、人間の傾向性になにも期待することなく、一切を法則のもつ最高権力ならびにこの法則に対するふさわしい尊敬に期待し、そうでない場合は、人間に対して自己軽蔑と内的な嫌悪を申し渡すのである。

こうしてみると一切の経験的なものは、道徳性の原理にとっては添加物であるがゆえに、原理としてまったく役立たないのみならず、道徳そのものの混じりけのなさにとって最高度に有害である。[127]道徳そのものにおいて、なんらかのたんてきに善い意志のもつ本来的で一切の価格を超えて崇高な価値は、まさに、経験だけが提供できる偶然的な諸根拠の及ぼす一切の影響から行為の原理が自由であることに存している。原理を経験的な諸動因や諸法則のもとで探し求めるという安易な態度やまったく低劣な考え方に対抗して、どんなにたくさんの警告をどんなにしばしば発するとしても多すぎるということはあり得ない。なにしろ人間の理性は、疲れてくるとこの〔経験という〕クッションで休むことを好み、甘美な作りごと（これは理性にユノーの代わりに雲を抱かせる）[128]を夢見て、まったく由来の異なる構成要素からでっち上げられた雑種を道徳性とすり替えるからである。このような雑種は、ひとがそこに見ようと思っている一切のものと似て見えはするが、ひとたびでも徳をその真の姿で目の当たりにしたことのある人にとっては、徳にだけは似て見えることがない（原注9）。

（原注9）徳をその本来の姿で目の当たりにするとは、道徳性を感性的なものの混入や、報酬あるいは自己愛という真正ならざる一切の飾りを取り去って示すことに他ならない。その際、どれほど徳が、さまざまな傾向性にとって魅力的なものに映る他の一切のものの輝きを曇らせるかは、誰もが自分の、捨象作用[129]が一切できないほどにはだめになっていない理性でいささかなりとも試してみれば容易に気づくことができる。

---

(127) ここで言及される「価格」は、本書ではやがて「諸目的の国」の価値の秩序において、「尊厳」と対比しつつ、やや詳しく論じられる（本書一一五頁以下、434f.）。
(128) ユノーはローマの神話における女神である。ギリシア神話ではヘラとよばれる。ゼウスの妻であるヘラの愛を得ようとたくらんだイクシオンに対し、ゼウスは雲で偽物のヘラを作り、それを抱かせた。呉茂一『ギリシア神話』（下）、新潮文庫、一九七九年、六一頁。

　したがって、問われるべきはこうである。それ〔格率〕が普遍的法則として役立つべきだとすべての理性的存在自身が意志できる〔かどうか〕と、格率の観点から自分たちの行為をいつでも判定することがすべての理性的存在にとってひとつの必然的法則なのだろうか。もしそうした必然的法則が存在するとすれば、その法則は〈まったくア・プリオリに〉理性的存在たるもの一般の意志の概念と結合しているに相違ない。しかし、そのような結合を発見するには、ひとがいかに逆らうとしても、一歩を踏み出さねばならない。それは形而上学への一歩であり、思弁的哲学の領域とは異なる形而上学の領域、すなわち道徳の形而上学への一歩である。なんらかの実践的哲学において私たちに重要なのは、なにか〈生じること〉の諸根拠を想定することではなく、なにか〈たとえけっして生じないとしても、生じるべきこと〉の諸法則、すなわち客観的に実践的な諸法則を想定することである。その際、私たちは、次のような諸根拠にかんする探究を行う必要はない。なぜなにかあるものが気に入るかあるいは気に入らないか、たんなる感覚的な満足と趣味とはどう異なるのか、趣味は理性のもつなんらかの普遍的な適意と異なるのかどうか、さらには快と不快の感情はなにに基づくのか、またどのようにして快や不快の感情からさまざまな欲望や傾向性が生み出されるのか、そして、そうした欲望や傾向性から、理性の協働によってさまざまな格率が生み出されるのか、と。というのは、これらはすべて、経験的心理学に属することがらだからである。経験的心理学とは、それが経験的諸法則に基づいているという点で自然の哲学として考察される場合に、自然論の第二部門(130)を構成するようなものである。しかし、ここ〔実践的哲学〕で問題になっているのは、客観的に実践的な諸法則であり、したがって意志が自分をもっぱら理性によって規定する限り――このと

新刊一覧

セクシュアリティの性売買

キャスリン・バリー 著　井上太一 訳

搾取と暴力にまみれた性売買の実態を国際規模の調査で明らかにし、その背後にあるメカニズムを父権的権力の問題として理論的に抉り出した、ラディカル・フェミニズムの名著。¥5500

人種の母胎

性と植民地問題からみるフランスにおけるナシオンの系譜

エルザ・ドルラン 著　ファヨル入江容子 訳

性的差異の概念化が、いかにして植民地における人種化の理論的な鋳型となり、支配を継続させる根本原理へと変貌をしたのか、その歴史を鋭く抉り出す。¥5500

政党政治家と近代日本

前田米蔵の軌跡

古川隆久 著

戦後は軍部と議会のはざまで矢面にたたざるを得なかった不遇な政治家とされるも、戦後自民党の保守合同のさきがけともなった前田の初の本格的研究。¥4950

翻訳とパラテクスト

ユングマン、アイスネル、クンデラ

阿部賢一 著

文化資本が異なる言語間の翻訳をめぐる葛藤とは？　ボヘミアにおける文芸翻訳の様相を翻訳研究の観点から明らかにする。¥4950

マリア＝テレジア 上・下

「国母」の素顔

B・シュトルベルク＝リリンガー著 山下泰生／伊藤惟／根本峻瑠訳

「ハプスブルクの女帝」として、フェミニズム研究の範疇からも除外されていたマリア＝テレジア、その知られざる実像を解き明かす、第一人者による圧巻の評伝。各¥8250

戦後期渡米芸能人のメディア史

ナンシー梅木とその時代

大場吾郎 著

日本とアメリカにおいて音楽、映画、舞台、テレビなど活躍し、日本人女優で初のアカデミー受賞者となったナンシー梅木の知られざる生涯を初めて丹念に描き出す労作。¥5280

読書装置と知のメディア史

近代の書物をめぐる実践

新藤雄介 著

書物をめぐる様々な行為と、これまで周縁化されてきた読書装置との関係を分析し、書物と人々の歴史に新たな視座を与える力作。¥4950

ゾンビの美学

植民地主義・ジェンダー・ポストヒューマン

福田安佐子 著

ゾンビの歴史を通覧し、おもに植民地主義、ジェンダー、ポストヒューマニズムの視点から重要作に映るものを仔細に分析する力作。¥4950

新刊一覧

イスラーム・デジタル人文学
須永恵美子 編著
熊倉和歌子 編著

デジタル化により、新たな局面を迎えるイスラーム社会。イスラーム研究をデジタル人文学で捉え直す、気鋭研究者らによる最新の成果。

¥3520

ディスレクシア
マーガレット・J・スノウリング 著
関あゆみ 監訳
屋代通子 訳

ディスレクシア（発達性読み書き障害）に関わる生物学的、認知的、環境的要因とは何か？ ディスレクシアを正しく理解し、改善するための効果的な支援への出発点を示す。

¥2860

シェリング以後の自然哲学
イアン・ハミルトン・グラント 著
浅沼光樹 訳

シェリングを現代哲学の最前線に呼び込み、時に大胆に時に繊細に対決させ、革新的な読解へと導く。カント主義批判により思弁的実在論の始原ともなった重要作。

¥6600

一つの惑星、多数の世界
ドイツ観念論についての試論
ディペシュ・チャクラバルティ 著
篠原雅武 訳

人文科学研究の立場から人新世の議論を牽引する著者が、ラトゥール、ハラウェイ、デ・カストロなどとの対話的関係のなかで示す、新たな思想の結晶。

¥2970

近代日本の身体統制
宝塚歌劇・東宝レヴュー・ヌード
垣沼絢子 著

戦前から戦後にかけて西洋近代社会、民主主義国家の象徴とみなされた宝塚・東宝レヴューを概観し、西洋近代化する日本社会の身体感覚の変貌に迫る。

¥4950

福澤諭吉
幻の国・日本の創生
池田浩士 著

福澤諭吉の思想と実践――それは、社会と人間をどこへ導いたか？ 福澤諭吉のじかの言葉に向き合うことで、その思想と実践をあらたに問い直し、功罪を問う。

¥5060

反ユダヤ主義と「過去の克服」
戦後ドイツ国民はユダヤ人とどう向き合ったのか
高橋秀寿 著

反ユダヤ主義とホロコーストの歴史的変遷を辿りながら、戦後、ドイツ人が「ユダヤ人」の存在を通してどのように「国民」を形成したのかを叙述する画期作。

¥4950

宇宙の途上で出会う
量子物理学からみる物質と意味のもつれ
カレン・バラッド 著
水田博子／南菜緒子／南晃 訳

哲学、科学論にとどまらず社会理論にも重要な示唆をもたらす21世紀の思想にその名を刻むニュー・マテリアリズムの金字塔的大著。

¥9900

今回のイチオシ本

思想としてのミュージアム

増補新装版

博物館や美術館は、社会に対してメッセージを発信し、同時に社会から読み解かれる、動的なメディアである。日本における新しいミュゼオロジーの展開を告げた画期作。旧版から十年、植民地主義の批判にさらされる現代のミュージアムについて、論じる新章を追加。

村田麻里子著

¥4180

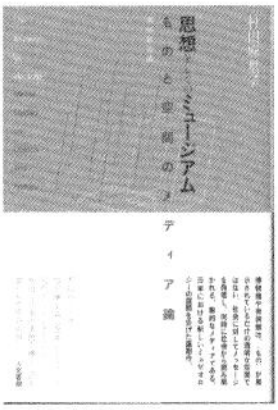

復刊

呪われたナターシャ

現代ロシアにおける呪術の民族誌

三代にわたる「呪い」に苦しむナターシャというひとりの女性の語りを出発点とし、呪術など信じていなかった人びと―研究者をふくむ―が呪術を信じるようになるプロセス、およびそれに関わる社会的背景を描いた話題作、待望の復刊！

藤原潤子 著

¥3300

超越論的存在論

ドイツ観念論についての試論

存在者へとアクセスする存在論的条件の探究。「世界は存在しない」「複数の意味の場」など、その後に展開されるテーマをはらみ、ハイデガーの仔細な読解も目を引く、哲学者マルクス・ガブリエルの本格的出発点。

マルクス・ガブリエル著

中島新／中村徳仁訳

¥4950

はじまりのテレビ

戦後マスメディアの創造と知

1950～60年代、放送草創期のテレビは無限の可能性に満ちた映像表現の実験場だった。番組、産業、制度、放送学などあらゆる側面から、初期テレビが生んだ創造と知を、膨大な資料をもとに検証する。気鋭のメディア研究者が挑んだ意欲的大作。

松山秀明 著

¥5500

き、経験的なものに関係している一切のものはおのずから脱落するから――での、なんらかの意志の自分自身に対する関係である。なぜなら、理性がひとり自分だけで振舞いを規定するとしたら（私たちはその可能性をいままさに探求しようとしている）、理性はこれを必然的にア・プリオリに行わねばならないからである。

意志をひとつの能力と考えるとすれば、それは特定の諸法則の表象に適って自分自身を行為へと規定する能力である。また、そのような能力は理性的存在にのみ見いだされ得るものである。さて、およそ意志にとってその自己規定の客観的根拠として役立つものが目的（Zweck）であり、また、このような目的は、それがたんなる理性によって与えられるとしたら、すべての理性的存在に等しく妥当するに相違ない。これに対して、手段（Mittel）とは、およそもっぱら行為――その結果が目的なのだが――の可能性の根拠を含んでいるようなもののことである。欲求作用の主観的根拠は動機（Triebfeder）であり、意志作用の客観的根拠は行為根拠（Bewegungsgrund）である。したがって、さまざまな動機に基づいている主観的な諸目的と、あらゆる理性的存在に妥当する行為根拠

（129）ここで「捨象作用（Abstraktion）」と訳出した単語は、一般には「抽象作用」と訳される。しかし、カントが『純粋理性批判』などで abstrahieren という動詞を用いるとき、その多くの場合が、「捨象する」という意味であること、ここでの文脈でも「道徳性」からそれならざる感性的なものを分離することがイメージされているので、「捨象作用」と訳出した。

（130）自然論は物理学と心理学とからなる。その点で、ここでカントが言及しない第一部門は物理学である。

にかかっている客観的な諸目的とのあいだには差異がある。実践的な諸原理は、それらが一切の主観的な諸目的を捨象している場合、形式的（formal）である。他方、それらが主観的な諸目的を、したがってなんらかの動機を根拠としている場合、実践的な諸原理は質料的（material）である。ある理性的存在が自らの行為のさまざまな結果として任意にもくろむ諸目的（質料的な諸目的）は総じてたんに相対的である。というのは、もっぱら〈諸目的〉と〈主観がそれぞれもっている特殊な性質の欲求能力〉との関係だけが、その諸目的に価値を与えるからである。そうしてみると、このような価値が、すべての理性的存在にとって普遍的な諸原理を、したがってまたどの意志作用にも妥当する必然的な諸原理を、すなわち実践的な諸法則を提供できるはずがない。したがって、これら一切の相対的目的は仮言的命法の根拠であるにすぎない。

他方、仮に、それの現存在それ自体がなんらかの絶対的価値をもつものがある、〔また〕それが目的それ自体（Zweck an sich selbst）として、規定された諸法則のなんらかの根拠であり得るようなものがある、としたら、そうしたものの中に、いや、ただそうしたものの中にだけ、なんらかの可能な定言的命法すなわち実践的法則の根拠が存するであろう。

だからこそ私はこう言おう。人間ならびに一般にあらゆる理性的存在は目的それ自体として現実存在し、たんにあれこれの意志が任意に使用するための手段として現実存在しているのではないのであり、当人の一切の行為において、自分自身に向けられた諸行為においても他の理性的存在に向けられた諸行為においても、いつでも同時に目的として見られねばならない、と。傾向性のすべての対象は条件つきの価値をもつにすぎない。というのは、傾向性やそれに基づいた必要が存在しないとしたら、それらの対象が価値をもつことはないだろうから。他方、さまざまな傾向性そのものは、必要の源泉ではあるが、それ自身を願望の対象にするような絶対的価値をもつことはなく、むしろ傾向性からまったく自由であることこそが、理性的存在たるものすべての普遍的願望であるに相違ないほどである。すると、私たちの行為によって獲得されるべき一切の諸対象の価値は、いつでも条件つきであることになる。その現存在がなるほど私たちの意志に基づいてはいないが、自然には基づいているさまざまな存在は、それでもなお、それらが理性を欠いている存在であるならば、手段として、相対的価値をもつにすぎない。それゆえそうした存在は物件（Sache）ということになる。これに対して理性的存在は人格（Person）とよばれる。なぜなら、その自然本性が理性的存在をすでに目的それ自体として、言い換えれば、なにかたんに手段として使用されてはならないものとして際立たせているからであり、それゆえにただちに一切の選択意志を制限している[131]（また尊敬のひとつの対象にしている）からである。こうしてみると、理性的存在は、その現実存在が私たちの行為の結果として私たちにとって価値をもつたんなる主観的目的ではなく、むしろ客観的目的である。言い換えれば、理性的存在という事物は、その現存在それ自体が目的であり、それも、それに代わって他の目的を設定して、理性的存在をその他の目的のためにたんに手段として役立たせようすることなどけっしてできない目的なのである。なぜなら、このような理性的存在がないなら、

（131） ここで「一切の選択意志を制限している」とは、〈いかなる恣意的な扱いも受けてはならない〉ということである。

どこにも絶対的価値をもったものなどまったく見いだされないことになるだろうが、もしすべての価値が条件つきのものであるなら、したがって偶然的なものであるなら、理性にとってどこにも最上の実践的原理が見いだされ得ないことになるだろうからである。

そこで次に、なんらかの最上の実践的原理が、そして人間の意志にかんして、なんらかの定言的命法が、存在するはずだとしたら、それは次のようなものでなくてはならない。それは、それが目的それ自体であるがゆえに、誰にとっても必然的に目的であるようなものの表象に基づいて、意志のなんらかの客観的原理を構成し、それゆえ普遍的な実践的法則として役立ち得るようなものである。このような原理の根拠は、〈理性的自然本性は目的それ自体として現実存在する〉である。人間は自分自身の現存在を必然的にこのように表象する。それゆえ、その限りでこれは人間の行為がもつひとつの主観的原理である。しかし、他のあらゆる理性的存在も自分の現存在を、私にとっても妥当するのとまったく同一の理性根拠に従って、同様に表象する（原注10）。すると、これは同時にひとつの客観的原理であり、最上の実践的根拠としてのこの原理から、意志の一切の諸法則が導き出され得るに相違ない。そうすると実践的命法は次のものになるだろう。君は、君の人格の中にも他のどんな人の人格の中にもある人間性を、いつでも同時に目的として扱い、けっしてたんに手段として扱わないような、そのような行為をせよ。[132] これが成立し得るかどうか見てみよう。

（原注10）この命題を私はここで要請[133]として提示する。最終章でこの命題が要請であることの諸根拠が見出されるだろう。

先に挙げた四つの例をここでも用いるなら、次のようになるだろう。

第一に、自己自身に対する必然的義務の概念に従って、自殺しようと思う人は、自分の行為が目的それ自体としての人間性の理念と両立し得るかどうかを、自分に問うだろう。もしその人が、なんらかのつらい状態から逃れるために、自分自身をめちゃくちゃにするなら、その人はひとつの人格をたんに、この人生の終わりまで我慢の範囲内の状態を維持するためのひとつの手段として使用していることになる。しかし、人間は物件ではなく、したがって、たんに手段として扱われ得るようなものではなく、むしろ当人の一切の行為に際していつでも目的それ自体として観られねばならない。したがって、私は、自分の人格の中の人間を好き勝手にしたり、それを傷つけたり、だめにしたり、殺したりすることはできない。（一切の誤解を避けるためにこうした原則をより詳しく規定すること、たとえば、自分を守るために手足を切断すること、自分の生命を守るために私が自分の生命を危険にさらすことを規定するのは、ここでは控えねばならない。そうした規定は本来の道徳学[134]に属している。）

（132） この命法が〈人間性の定式〉である。ウッドはこれを「第二の定式」と位置づけ、"Formula of Humanity as End in Itself"（目的それ自体としての人間性の定式）と名づけている。Wood, *ibid.*

（133） 「要請（Postulat）」とは、一般に、自明なものとして、証明され得ない命題のことである。ここでも、件の命題が、論証不可能だが、自明なものとして提示されている。「要請」については、『純粋理性批判』の「経験的思考一般の要請」で説明されている（A232ff./B285ff.）。

（430）

第二に、他人に対する必然的義務あるいは果たすべき義務にかんすることだが、他人に対して嘘の約束をしようと思っている人は、自分はある他人をたんに手段として使用しようとしているが、その他人が同時にそうされることを目的としていないことが、ただちに分かるであろう。というのは、私がそうした約束をすることで自分の意図のために扱おうとしているその人が、当人に対する私の振舞い方に同意することなど不可能であり、それゆえ当該の行為の目的すらもつことが不可能だからである。他人の原理に対するこのような衝突がさらに一目瞭然となるのは、他人の自由や財産の侵害を例にとる場合である。というのは、その場合、人間の権利を侵害している人が、他人の人格をたんに手段として使用するつもりだったこと、〔また〕人間は理性的存在として、いつでも同時に目的として、言い換えれば、もっぱらまさに同じ行為について当人もその目的をもつことができるのでなければならないような存在として、尊重されるべきことを考慮していないことが明白だからである（原注11）。

（原注11）この場合、人口に膾炙した quod tibi non vis fieri etc.〔君がされたくないことを（他人にしてはならない）〕[135]が指針や原理として役立つことができるなどと考えてはならない。というのは、この文言は、さまざまな制限が加えられた上で、ではあるが、もっぱら上述の原理から導出されているからであり、普遍的な法則ではあり得ないからである。というのは、この文言は、自己自身に対する義務の根拠も、他人に対する愛の義務の根拠も含んでいないし（というのは、多くの人は、自分が他人に対して親切を示すことを免除されさえするなら、他人が自分に親切にしなくてもよいと、よろこんで認めるだろうから）、最後に、互いに対して果たすべ

き義務の根拠も含んでいないからである。というのは、犯罪者はこの文言を根拠にして自分を罰する裁判官に反対する理由を述べるだろうから、等々。

第三に、自己自身に対する偶然的（功績的）義務にかんしては、行為が私たちの人格の中にある目的それ自体としての人間性に反していないというだけでは不十分であり、行為が人間性に調和するのでもなければならない。さて、人間性の中にはより大きな完全性に至るさまざまな素質があり、そうした素質は、私たちの主体の中にある人間性にかんする自然本性の目的にとって欠かせない。そうした素質をないがしろにすることは、目的それ自体としての人間性の維持とはどうにかうまく両立できるかもしれないが、この目的の促進とは両立できないであろう。

第四に、他人に対する功績的義務についてだが、すべての人間がもっている自然目的は自分自身の幸福である。さて、誰一人として他人の幸福のためになんの貢献もしないが、だからといって他

（134）「本来の道徳学」とは、『道徳形而上学』で論じられる「義務一般の体系としての道徳学」（VI 242）を指すと考えてよいであろう。その意味でカントはここで、件の諸原則の規定は「道徳形而上学の基礎づけ」にではなく「道徳形而上学」に属すると示唆していると読むことができる。なお、生命維持のために手足を切断することや、天然痘予防のために種痘を行うことについては、『道徳形而上学』の第二部「徳論の形而上学的原理」の第六節で論じられる。

（135）これは一般に「黄金律」とよばれる行為規範の派生形である。黄金律は『マタイによる福音書』七・一二、『ルカによる福音書』六・三一にその典型的な表現が見られる。

人からなにも故意に奪い取りもしない場合、なるほど人間性〔人類〕は存立できるであろう。しかし、それでもこうした事態は、目的それ自体としての人間性に対する消極的な調和にすぎず、誰もが他人のさまざまな目的を自分にできる限り促進しようと努めることもしないなら、それは積極的な調和ではない。というのは、目的それ自体である主体がもつさまざまな目的は、あの表象[136]が私にあらん限りの影響を及ぼすはずだとしたら、できる限り私の目的にもならねばならないからである。

人間性ならびにあらゆる理性的自然本性一般が目的それ自体であるというこのような原理（これは[137]、人間各人が行うさまざまな行為の自由を制限する最上の条件である）は、経験から借りてこられたものではない。それは、第一に、この原理の普遍性のゆえに、である。この原理はすべての理性的存在一般にかかわるが、いかなる経験もすべての理性的存在一般についてなにかを規定するには不十分だからである。第二に、この原理において人間性は、人間たちの目的として（主観的に）すなわちひとが自分で現実に目的にする対象としてではなく、私たちがどのような目的をもとうとも、法則として一切の主観的目的を制限する最上の条件を構成すべき客観的目的として表象されるからであり、それゆえ純粋理性から生じるものでなければならないからである[138]。したがって、一切の実践的立法の根拠は、客観的には規則の中に、そしてこの規則にひとつの法則（いざとなれば、自然法則）であるという資格を（第一の原理に従って）もたらす普遍性という形式の中に存する[139]が、主観的には目的の中に存する。ただし、一切の目的の主体は（第二の原理[140]に従って）目的それ自体としての、おのおのの理性的存在である。すると、ここから意志の第三の実践的原理が、普遍的実践的理性と意志とが調和するための最上の条件として、帰結する。それは、おのおのの理性的存在の意志がひとつの普遍的に立法する意志であるという理念[141]である。

意志自身の普遍的な立法と両立できないすべての格率は、この原理に従って退けられる。すると、意志はたんに法則に服させられるのではなく、むしろ次のような仕方で服させられることになる。それは、意志がまた自己立法的であるとも見なされ、まさにそうであるがゆえに、はじめて法則

(136) 「あの表象」とは、本書（一〇四頁、429）で提示された実践的命法のことを指している。

(137) この「これは」は、カントの原文では welche だが、フォアレンダーの修正提案に従い、welches として読む。前者では「人間性」を意味することになるが、後者では「このような原理」を指すことになる。

(138) 「それゆえ純粋理性から生じるものでなければならないからである」という表現が、件の原理が「経験から借りてこられたものではない」ということの理由づけになるのは論理的に奇妙であるがゆえに、この箇所を「それゆえこの原理は純粋理性から生じるものでなければならない」と読むことをPhB版の校訂者は提案している。

(139) ここで「規則」とは格率のことであり、「第一の原理」とは本書（八七頁、421）で提示された〈唯一の定言的命法〉のことであり、より限定するなら同じ箇所で言及された「法則の普遍性」である。なお、「いざとなれば、自然法則」という付け加えは、〈唯一の定言的命法〉との関連で提示された〈自然法則の定式〉をも「第一の原理」に含めてよいことを示唆している。

(140) 「第二の原理」とは「目的それ自体」（本書一〇二頁以下、428f.）のことである。

(141) ウッドはこの「理念」を"Formula of Autonomy"（自律の定式）と名づけ、「第三の定式」に位置づけている。ウッドはまた、この定式の内容の表現として「意志の選択をもたらす諸格率が同じ意志作用の中で同時に普遍的法則として共に把握されているという仕方以外では選択しない」（本書一一七頁、440）を挙げている。Wood, *ibid.*

〈意志は自分をこの法則の創始者と観ることができる〉に服させられていると見なされねばならない、という仕方である。

命法たちは、先に挙げた表象の仕方に従って、すなわち普遍的になんらかの自然秩序に類似した行為の合法則性という表象の仕方に従って、あるいは理性的存在それ自体が普遍的に目的として優先されるという表象の仕方に従って、なるほど、その命令を下す威信から動機としてなんらかの関心が混入することを一切排除した。まさにそれは、命法たちが定言的なものとして表象されたことによるが、命法たちはたんに定言的なものとして想定されたにすぎない。なぜなら、もしひとが義務の概念を説明しようと思うなら、そうしたものを想定しなければならなかったからである。しかし、〈定言的に命令する実践的命題が存在する〉ということは、それとして証明され得ないだろう。それは、そもそもこの章〔第二章〕で行われ得ないし、〔したがって〕ここでもまだ行われ得ないが、それでも、どうやらひとつのことだけは実現できたかもしれない。それは次のことである。義務に基づく意志作用において一切の関心との関係が断たれていることが、定言的命法を仮言的命法から特徴的に区別するしるしとなるものだが、この断絶がこの命法そのものにおいて、この命法が含むと思われるなんらかの規定によっていっしょに示唆されるであろう、ということである。そして、このことは、目下の、原理の第三の定式において行われる。すなわち、おのおのの理性的存在の意志は普遍的に立法する意志であるという理念の定式において行われるのである。(432)

というのは、私たちがそのような意志を考える場合、法則のもとにある意志ならまだなんらかの関心を介してこの法則に結びつけられているということもあるかもしれないが、やはりそれ自身最上位で立法する意志なら、その限りでなんらかの関心に依存することなどあり得ないからである。というのは、前者のような依存的な意志は、それ自身、当人の自己愛の関心を普遍的法則に妥当するという条件へと制限するもうひとつ別の法則を必要とするだろうからである。

そうしてみると、おのおのの人間の意志がそのすべての格率によって普遍的に立法する意志であるという原理は（原注12）、加えてそれが正確なものでありさえすれば、次の点で定言的命法を実にしっかり準備するだろう。それは、この原理が、まさに普遍的立法という理念のために、いかなる関心にも基づいておらず、それゆえすべての可能な命法のもとでこれだけが無条件的であり得る、という点である。あるいは、この命題を逆にすれば、もっとよいだろう。すなわち、もしなんらかの定言的命法（言い換えれば、理性的存在たるものがもつどんな意志にとっても法則であるもの）が存在するとしたら、――理性的存在の意志は同時に自分自身を普遍的に立法的なものとして対象にできる意志であるから――その定言的命法は一切をそうした意志の格率に基づいて行うようにだけ命じることができる、と。というのは、そうすればかえって、理性的存在がいかなる関心も根拠とすることができないがゆえに、実践的原理や理性的存在が従う命令が無条件的になるからである。

（原注12）ここでは、この原理を説明するために例を挙げなくてもよい。というのは、最初に定言的命法を説明し次にその諸定式を説明した例たちがすべて、ここでまさにこの目的に役立ち得るからである。

これまで道徳性の原理を見いだすために行われてきた従来の一切の努力を私たちが振り返るなら、

なぜそれらがことごとく失敗に終わらねばならなかったかは、いまや不思議なことではない。ひとは、人間が自分の義務によって諸法則に拘束されているのを見てとったものの、〈人間がたんに自分自身の立法に、とはいえ普遍的な立法に服している〉ことや〈人間は、自分自身の意志に、しかし自然目的に従って、普遍的に立法する意志に適って行為するようにだけ拘束されている〉ということを思いつかなかったのである。というのは、人間がたんに自分をなんらかの法則（それがなんであれ）に服している者と思い浮かべたなら、〔その場合〕その法則は、なにかある関心を魅力あるいは強制として伴うに相違なかったからである。なぜなら、その法則は、法則として当人の意志から発したわけではなく、当人の意志が、その法則に適ってなにか他のものによって一定の仕方で行為するように強要されたからである。しかし、このようなまったく必然的な推断によって、義務の最上の根拠を見つけようとするすべての仕事が取り返しのつかないまでに無駄になってしまった。というのは、ひとが理解したのはけっして義務ではなく、むしろなんらかの関心に基づいた行為の必然性だったからである。とにかく、この関心は自分の関心だったかもしれないし、他人の関心だったかもしれない。しかし、この場合、命法はいつでも条件つきのものにならねばならず、道徳的命令としてはまったく役に立つことができなかった。そこで、私はこのような〔道徳的命令に資する〕原則を、私が以上の理由で**他律**（Heteronomie）に数え入れる他のそれぞれの原理とは対照的に、意志の**自律**（Autonomie）の原理と名づけようと思う。

おのおのの理性的存在は、その意志のすべての格率を通して自分を普遍的に立法する者であると観なければならず、そうすることでその観点から自分自身と自分の行為を判定できるのだが、このような理性的存在の概念は、それと結びついているたいへん創造力豊かな概念、すなわち、ひとつの〈諸目的の国〉（Reich der Zwecke）[142]の概念へと導く。

さて、私の言う「国」とは、さまざまに異なる理性的存在たちが共通の諸法則によって体系的に結合していることである。このとき、諸法則がさまざまな目的をその普遍的妥当性という点で規定するので、理性的存在たちの個人的な違いを捨象し、同時に、理性的存在たちの私的目的の内容一切を捨象した場合、すべての目的のひとつの全体（目的自体としての理性的存在たちと、また、おのおのの理性的存在が自分自身に設定するような固有の諸目的〔との全体〕）が、体系的に結び合わされていることが、すなわち、上述の諸原理に従って可能な〈諸目的の国〉が考えられ得ることになるだろう。

というのは、理性的存在は全員が〈おのおのの理性的存在は自分自身とすべての他者をけっしてたんに手段として取り扱うべきでなく、むしろいつでも同時に目的それ自体として取り扱うべきである〉という法則のもとにいるからである。この法則によってさらに、共同の客観的諸法則による

（142）PhB 版の校訂者は、「諸目的の国」という概念がライプニッツの「恩寵の国」の概念に通じていること、また、クラウス・ライヒ（『カントとギリシア人の倫理学』の著者）がここでもキケローの『義務について』との連関を指摘していることを注記している。さらに、クレメは、自己立法に関連して自律と並んで〈諸目的の国〉が言及されることで、自律概念が個人的な自己規定に終始するものでないことが示唆されている、と指摘している（Klemme, S. 129）。

理性的存在たちのひとつの体系的結合、すなわちひとつの国が生じる。この国は、当の法則がまさに理性的な存在たち相互の、目的と手段という関係を意図しているがゆえに、ひとつの〈諸目的の国〉（むろんたんにひとつの理想だが）であり得る。

さて、ある理性的存在が〈諸目的の国〉において確かに普遍的に立法的ではあるものの、その諸法則にみずから服してもいる場合、その理性的存在は成員（Glied）としてこの〈諸目的の国〉に属している。〔他方、〕ある理性的存在が立法するものとして他の存在のいかなる意志にも服していない場合、そうした理性的存在は元首（Oberhaupt）としてこの〈諸目的の国〉に属している。

理性的存在は、意志の自由によって可能になる〈諸目的の国〉においてみずからをいつでも立法的であると観なければならない。当の理性的存在がその際、成員として存在しようと、元首として存在しようと、そうである。しかし、この元首の地位を理性的存在が主張できるのは、[143] たんにその意志の格率によってではない。むしろ、その理性的存在が、意志に適合したその能力に必要なもの〔欠乏しているもの〕もなければ制限もない、ひとつの完全に独立した存在である場合だけである。

すると、道徳性とは、すべての行為が、それによってのみひとつの〈諸目的の国〉が可能になるような立法に関係することである。しかし、このような立法は、おのおのの理性的存在自身において見いだされねばならず、その意志に発することができるのでなければならない。すると、そうした意志の原理は次のようになる。すなわち、〈それがひとつの普遍的法則となることが当の格率とも両立できる〉ような格率以外の、したがって、もっぱら〈意志がその格率を通して自分自身を同時に普遍的に立法するものと観ることができる〉ような格率以外のいかなる格率に従っても行為しない、である。さて、さまざまな格率が、理性的存在を普遍的に立法するものと観るこのような客観的原理と、その理性的存在の自然本性によって、すでに必然的に一致しているわけではない場合、あの原理に従った行為の必然性は実践的強要すなわち義務だということになる。義務は〈諸目的の国〉の元首にふさわしいものではないが、そのそれぞれの成員には実にふさわしく、それも全員に同等にふさわしい。

この原理に従って行為する実践的必然性、すなわち義務は、さまざまな感情や誘因や傾向性に基づくのではまったくなく、もっぱら理性的存在たち相互の関係に基づいていて、その関係の中では、理性的存在たるものの意志はいつでも同時に立法的であると観られなくてはならない。なぜなら、さもなければ、当の理性的存在は理性的存在たちを目的それ自体として考えることができないことになるだろうからである。[144] そこで、理性は、普遍的に立法的なものとしての意志のそれぞれの格率を、他のおのおのの意志に関係づけ、さらに自己自身に対する各行為にも関係づける。しかもこれは、なにか他の実践的な行為根拠あるいは将来の利益のためにではなく、自分が同時に自身に与える法則以外のいかなる法則にも従わない理性的存在の尊厳という理念に基づいて行われる。

〈諸目的の国〉ではすべてのものが**価格**(Preis)か**尊厳**(Würde)かのいずれかをもつ。およそ

(143) ここで「その意志の格率」とは〈理性的存在がもつ意志の格率〉のことであり、「意志に適合したその能力」とは、〈理性的存在のもっている、みずからの意志に適合した能力〉のことだが、それぞれの「意志」は、段落の冒頭で言及される「意志の自由」を踏まえて、「自由な意志」と読まれるべきだろう。

価格をもつものには、それに代わってなにか他のものもその等価物(Äquivalent)として置かれることができる。他方、およそ一切の価格を超えているものは、したがっていかなる等価物も許さないものは、尊厳をもつ。

およそ人間の普遍的な傾向性や必要に関係しているものは、市場価格(Marktpreis)をもつ。およそ必要のようなものを前提しなくとも一定の趣味に適っているもの、すなわち、私たちのこころの諸力が目的なしでたんに戯れることにおける適意に適っているものは、愛好価格(Affektionspreis)をもつ。[145] 他方、およそそのもとでのみ或るものが目的それ自体であり得る条件をなすものは、たんに相対的な価値すなわち価格をもつのでなく、内的な価値すなわち尊厳をもつ。

さて、道徳性は、理性的存在たるものがそのもとでのみ目的それ自体であり得る条件である。[146] なぜなら、道徳性によってのみ、理性的存在たるものが〈諸目的の国〉における立法的な成員であり得るからである。したがって、道徳性と人間性——人間性が道徳性をもつことができる限りにおいてだが——は、それだけが尊厳をもつものである。仕事における熟練と勤勉さは市場価格をもつ。機知、生き生きした構想力、快活さは愛好価格をもつ。これらに対して、約束を忠実に守ること、(本能にではなく)諸原則に基づいて仁愛を示すことには、内的な価値がある。自然や技巧には、忠実さや仁愛が欠けている場合にそれを補塡することができるようなものはなにもない。というのは、忠実さや仁愛がもつ価値は、それに発するさまざまな結果、つまりそれがもたらす利益や効用にではなく、むしろ心術に、詳しく言えば、さまざまな行為の中で——たとえその結果が当の行為を好ましいものにしないとしても——自分をこのような仕方で〈約束に忠実であったり仁愛を示したりすることで〕明らかにしようとしている意志の格率に存するからである。このような行為は、それを直接的な好意や適意でもって評価するなんらかの主観的な素因や趣味による推薦を必要とせず、それを肯定する直接的な性癖や感情を必要としない。このような行為は、それを実行する意志を直接的な尊敬の対象としているのであり、それを意志に課すために——それを意志に媚びてさせるためではない——理性だけを必要とする。それを意志に媚びてさせるなどというのは、どのみち義務においてはひとつの矛盾であろう。すると、このような高い評価は、そのような考え方のもつ価値

（144）この「なぜなら」で始まる文は解釈を要する分かりづらさをはらんでいる。それゆえ、先行訳ではさまざまな工夫がされている。ここではカントが書いたままに翻訳する。彼がここで言いたいのは、〈諸目的の国〉を構成するそれぞれの理性的存在の意志を「立法的」と観ることなしには、この〈国〉を構成するどんな理性的存在をも「目的それ自体」と考えることができない、ということである。この主張の分かりづらさは、カントがこの主張を導く大前提をここで書いていないことに起因する。その大前提は、〈理性的存在たる「目的それ自体」の意志は立法的である〉と表現することができる。この大前提は、「第三の実践的原理」（本書一〇八頁、431）から導くことができる。

（145）この「愛好価格」は「骨董価格」とも言い換えることができるように、本文の内容は骨董品を念頭におくと分かりやすい。

（146）カント自身がすでに「人間ならびに一般にあらゆる理性的存在は目的それ自体として現実存在」（本書一〇二頁、428）していると記している以上、この表現には一定の解釈が必要である。解釈可能性のひとつとして、「ある理性的存在が目的それ自体であり得る」とは「ある理性的存在がたんなる手段として扱われない」という意味だと解せるだろう。

こそが尊厳であることを認識させ、尊厳をすべての価格を超えて無限の高みへと引き離す。尊厳はいかなる価格によっても勘定され得ず、いかなる価格とも比較され得ない。〔そんなことをすれば〕いわば尊厳の神聖さを冒瀆することになるだろう。

では、道徳的に善い心術や徳がかくも高い要求を掲げることを正当化するものは、いったいなんだろうか。それは、道徳的に善い心術や徳が理性的存在にもたらす普遍的な立法への関与にほかならず、また、その立法によって理性的存在に可能な〈諸目的の国〉の成員たる資格を与える関与にほかならない。〔なお、〕理性的存在は、目的それ自体として、またまさにそれゆえに〈諸目的の国〉において立法的なものとして、一切の自然法則にかんして自由なものとして、もっぱら自分自身に与える法則にだけ、そしてそれに従うことで当の理性的存在の格率がひとつの普遍的な立法〈当の理性的存在は同時にみずからこの立法に服する〉にふさわしくなり得る法則にだけ服従するもの(436)のとして、すでにそれ自身の自然本性によってその成員たるべく定められていた。というのは、なにものも、それに対して法則が定める価値以外のいかなる価値ももたないからである。[147] しかし、すべての価値を決めるこの立法自身はまさにそれゆえに尊厳を、言い換えれば、無条件的で比較を絶した価値を、もたねばならない。このような価値には尊敬という言葉だけが、理性的存在たるものが立法について行わねばならない評価にふさわしい表現である。こうしてみると、自律こそが人間的自然本性ならびにあらゆる理性的自然本性の尊厳の根拠なのである。

さて、これまで挙げられた、道徳性の原理を表現する三つの仕方〔自然法則の定式、人間性の定式、〈諸目的の国〉〕は、根本においては、まさに同一の法則の三つの定式にすぎない。これらの三つの定式のひとつは、その定式内で他の二つとおのずから一致している。しかしながら、それでもこれら三つの定式には、確かに客観的に実践的というよりはむしろ主観的[148]な差異がある。それによって、理性のひとつの理念が、（ある種の類比に従って）より直観へと近づけられ、またそれによってより感情へと近づけられることになる。すなわち、すべての格率は、

1）なんらかの形式をもつ。その形式は普遍性を本質とする。その点で道徳的な命法の定式が次のように表現されている。諸格率は、それらがあたかも普遍的自然法則として妥当すべきであるかのように選ばれねばならない、と。

2）なんらかの質料を[149]、すなわちなんらかの目的をもつ。その点で定式は次のように言う。理性的存在は、その自然本性上目的として、したがって目的それ自体として、それぞれの格率に対して、

（147）この命題は難解である。私たちはここで本書第一章冒頭からの記述を思い出すべきであろう。「善い意志」だけが「無制限に善い」のであり、それ以外の能力や気質などは「意志」次第でその価値が変化する。この観点からすると、「善い意志」が道徳的法則によって規定されているのみならず、その他の能力などはその「善い意志」を前提することで、その価値が定められることになる。したがって、いかなるものもその価値が法則によって定められることになるのである。

（148）フォアレンダーはこの「主観的」を「主観的に実践的」と修正することを提案している。寸前の「客観的に実践的」と対比させるためである。

（149）カントの原文は「格率（Maxime）」だが、諸家の指摘もあるように、これは「質料（Materie）」と修正すべきであろう。

一切のたんに相対的で任意の諸目的を制限する条件として役立たねばならない、と。

3）先に挙げた定式によって、一切の格率の或るひとつの完璧な規定をもつ。その定式とは、〈すべての格率は自身の立法に基づいて、ひとつの自然の国（原注13）としての、ひとつの可能な諸目的の国へと調和すべきである〉である。ここでの進行は、意志の形式（意志の普遍性）の単一性というカテゴリー、質料（諸客体、すなわち諸目的）の数多性というカテゴリー、そして諸目的の体系の全体性あるいは総体性というカテゴリーによるように進んでいる。[150]道徳的判定においてはつねに厳格な方法に従って振舞う方がうまくいくのであり、それゆえ定言的命法の普遍的定式、自分自身を同時に普遍的法則にすることができる格率に従って行為せよ、を根拠に据えた方がうまくいくのは確かである。しかし、ひとがそれに加えて道徳的法則を受け入れようと思うなら、一にしてまさに同一の行為を上述の三つの概念によって導き、それによって当の行為をできるだけ直観に近づけることが、たいへん有効なのである。

（原注13）目的論（Teleologie）は自然をひとつの〈諸目的の国〉として考量し、道徳学はなんらかの可能な〈諸目的の国〉をひとつの〈自然の国〉として考量する。前者において〈諸目的の国〉は、現に存在するものを説明するためのひとつの理論的理念である。後者において〈諸目的の国〉は、現に存在するわけではないが私たちの行為によって実現できるものを成就するための、それもまさにこの理念に適って実現するための、ひとつの実践的理念である。

いまや私たちは、私たちが当初、出発した地点、すなわち、なんらかの無条件的に善い意志という概念で終わることができる。(151) この意志はたんてきに善いのであり、悪であり得ず、それゆえその意志の格率がひとつの普遍的な法則とされる場合に、当の格率自身とけっして矛盾し得ない。すると、このような原理は、この意志の最上の法則でもある。その法則とは〈その法則としての普遍性を君が同時に意志することができるような、そのような格率に従っていつでも行為せよ〉であり、これこそが、ある意志がけっして自分自身と矛盾し得ないことの唯一の条件である。また、そのような命法は定言的である。この意志がひとつの普遍的法則として可能な諸行為に妥当するということは、さまざまな物の現存在が自然一般の形式的なものである普遍的な諸法則に従って普遍的に結合していることと類比的であるがゆえに、この定言的命法は次のようにも表現されることができる。自分自身を同時に普遍的な自然法則として対象とすることができる諸格率に従って行為せよ。(152) つま

(150) ここで言及された「単一性・数多性・全体性」は、『純粋理性批判』で提示されるカテゴリー（純粋悟性概念）の表（A80/B106）における、量のカテゴリーである。

(151) この文で言及される「当初」とは、第一章冒頭（本書二三頁、393）のことである、また、第三章を残しているにもかかわらず、ここで「終わることができる」と言われるのは、序文の末尾で言及されたように（本書二〇頁、392）、第一章と第二章は分析的な歩みであり、第三章は総合的な歩みであることから、分析的な歩みが終わりを迎えつつあるからである。

(152) ここで「対象とすることができる（zum Gegenstand haben können）」とは、当の格率を「普遍的な自然法則として」表象できる、あるいはそのように考えることができるという意味である。

り、なんらかのたんてきに善い意志の定式は、このような性質をもつのである。

理性的な自然本性は、それが自分自身になんらかの目的を設定する点で、他の自然本性に対して例外的である。こうした目的はなんらかの善い意志がそれぞれもつ質料となるだろう。しかし、〈(あれこれの目的の達成という)制限する条件のない、なんらかのたんてきに善い意志という理念〉においては、一切の実現されるべき目的が(それぞれの意志をたんに相対的に善いものにするにすぎないものとして)徹底的に捨象されねばならないから、この際、この目的は、なんらかの実現されるべき目的としてではなく、むしろ自立的な目的として、それゆえたんに消極的に考えられねばならないだろう。言い換えるなら、この目的は、けっしてそれに反した行為が行われてはならず、それゆえ、それぞれの意志作用において、けっしてたんに手段としてではなく、いつでも、同時に目的として尊重されねばならないものとして、考えられねばならないだろう。さて、このような目的は、すべての可能な諸目的の主体自身以外ではあり得ない。なぜなら、このような主体は同時になんらかの可能なたんてきに善い意志の主体だからである。というのは、たんてきに善い意志は、矛盾を犯すことなしには、いかなる他の対象にも後置され得ないから。このことから、「それぞれの理性的存在(君自身や他人)への関係において、その理性的存在が君の格率において同時に目的それ自体として妥当するような、そのような行為をせよ」という原理と、「それ自身がそれぞれの理性的存在に対して普遍的に妥当することを、同時にみずからのうちに含んでいる格率に従って行為せよ」という原則は、根本において同一である。というのは、〈私は自分の格率を、どのような目的のための手段の使用においても、その普遍妥当性という条件に、つまりそれがあらゆる主体にとってひとつの法則であるという条件に、制限すべきである〉ということは、〈諸目的の主体、すなわち理性的存在自身が、けっしてたんに手段としてではなく、一切の手段の使用における最上の制限的な条件として、すなわち、いつでも同時に目的として、諸行為の一切の格率の根拠とされねばならない〉というのと同じだけのことを語っているからである。

さて、このことから以下のことが、争う余地なく帰結する。すなわち、〔第一に〕目的それ自体としてのそれぞれの理性的存在は、一切の法則にかんして、その法則につねに服しているばかりだとしても、同時に、自分を普遍的に立法するものであると見なすことができなければならない。なぜなら、このようにそれぞれの理性的存在の格率が普遍的立法に適合しているというまさにこのことが、その理性的存在を目的それ自体として際立たせるからである。同様にまた〔第二に〕このような理性的存在がもっている、一切のたんなる自然存在に対する尊厳（優先権）には、自分のさまざまな格率をいつでも自分自身の視点から、しかしまた同時に立法的存在としてのあらゆる他の理性的存在（自分も他の理性的存在も立法的であるがゆえに人格ということとなる）の視点から、採用しなければならないということが伴う。さて、このような仕方で理性的存在たちのひとつの世界（可想界 mundus intelligibilis）が〈諸目的の国〉として可能になる。それも、成員としてのすべての人格たち自身の立法によって可能になる。したがって、それぞれの理性的存在は、あたかも自分が自分の諸格率によっていつでも普遍的な〈諸目的の国〉における一人の立法的な成員であるかのような、そのような行為をしなくてはならない。このような諸格率の形式的原理は、「あたかも君の格率が同時に〈すべての理性的存在の〉普遍的法則として役立つべきであるかのような、そのような行為

(439)

をせよ」である。こうしてみると、ひとつの〈諸目的の国〉はひとつの〈自然の国〉との類比によってのみ可能なのだが、前者は諸格率に従ってのみ、すなわち自分自身に課された規則に従ってのみ可能であり、後者は外的に強制されたさまざまな作用因の諸法則に従ってのみ可能なのである。そうではあるが、自然全体に対しても――たとえそれが機械と見なされるとしても――、それでもやはり、それが当の自然全体の諸目的としての理性的存在に関係している限り、それを根拠としてひとつの〈自然の国〉という名称が与えられるのである。さて、このようなひとつの〈諸目的の国〉は、定言的命法が一切の理性的存在に対して指図する規則をもっている諸格率によって、それらの格率が普遍的に遵守されるとしたら、現実に成立するであろう。しかしながら、理性的存在が、たとえ自分がこのような諸格率を厳格なまでに遵守するからといって他のそれぞれの理性的存在が同じその諸格率に対して忠実であろうとは見込めないとしても、同様に、自然の国とその合目的的な配置が当の理性的存在と――この理性的存在が当人自身によって可能なひとつの〈諸目的の国〉にふさわしい一人の成員であるとして――調和するだろうと期待できないとしても、すなわち、当の理性的存在の幸福への見込みを容易にするだろうと見込めないとしても、それでも「ひとつのたんに可能な〈諸目的の国〉に向けて普遍的に立法的な成員がもつ諸格率に従って行為せよ」[153]というあの法則は、その完全な力をもち続ける。なぜなら、これは定言的に命じているからである。すると、この点にはまさに逆説があることになる。それは、理性的自然本性としての人間性がもつ尊厳が、それだけで、〔つまり〕それによって達成され得るなにか他の目的や利益なしで、それゆえひとつのたんなる理念への尊敬が、それにもかかわらず意志にとってゆるがせにできない指図として役立つはずだという逆説[154]であり、また、格率が一切のそうした動機〔他の目的や利益〕から独立していることにこそ、格率の崇高さがあり、それぞれの理性的主体が〈諸目的の国〉のひとりの成員であるに値する――というのは、さもないとその理性的主体が、自分の必要という自然法則に服しているものとしてのみ表象されねばならなくなるから――という逆説である。たとえ自然の国もて〈諸目的の国〉もひとりの元首のもとに統一されていると考えられるとしても、また、それによって〈諸目的の国〉がもはやたんなる理念に留まることなく、真の実在性を手に入れることになったとしても、そうしたことでは、なるほど強力な動機の増大がかの格率の役に立つことになるかもしれないが、しかしけっしてかの格率の内的価値の向上には役立たないだろう。というのは、こうしたことにかかわらず、それでもこのような唯一の無際限の立法者ですら、理性的存在たちの価値をもっぱらその非利己的でたんにかの〔〈諸目的の国〉の〕理念に基づいてそれらの存在たち自身に指図された振舞いという点からのみ判定するというように、つねに表象されるに違いないからである。

（153）ウッドはこれを"Formula of the Realm of Ends"（諸目的の国の定式）と名づけて、「自律の定式」とともに、「第三の定式」に位置づけている。Wood, *ibid.*

（154）カントが「逆説（Paradoxon）」という表現を用いる場合に意味しているのは、一見奇異に見えるが、それこそが実相を表しているという事態である。たとえば、『実践理性批判』における「方法の逆説」（V 62）という表現がそうである。本文で言及される二つ目の「逆説」は、なにかを達成しようとする目的こそが格率に「崇高さ」をもたらしたり、なんらかの「国」の成員たらしめたりすると考える人には、カントの所説は奇妙に見えるが、しかしここで言及された事態こそが実相である、ということを表現している。

さまざまな物がなんであるかはそれらの物の外的な関係によっては変化しないのであり、人間もまた、そうした外的な関係を考えることなしにそれだけで人間の絶対的価値を形成するものに従って、誰によってであろうと最高の存在によってであろうと、判定されねばならない。すると、道徳性（Moralität）というものは、意志の自律に対する、すなわち意志の格率を介した可能な普遍的立法に対する、諸行為の関係だということになる。意志の自律と両立できる行為は許されている（erlaubt）。それと合致しない行為は許されない（unerlaubt）。その格率が必然的に自律の諸法則と調和する意志は、神聖で（heilig）たんてきに善い意志である。或るたんてきに善いわけではない意志の、自律の原理への依存（道徳的強要）が拘束力（Verbindlichkeit）である。すると、この拘束力はなにか神聖な存在たるものには関係づけられ得ない。拘束力に基づいたなんらかの行為の客観的必然性が義務（Pflicht）ということになる。(155)

すぐ前に述べたことに基づいて、いまや、どのようにして次のことが生じるかを容易に説明できる。それは、私たちが義務の概念によって法則のもとでの服従を思い浮かべているとしても、それでも私たちはその概念によって同時に、自分の一切の義務を果たしている人格における一定の崇高さや尊厳を表象している、ということである。というのは、その人格が道徳的法則に服しているという点においては、確かに当の人格にはいかなる崇高さもないが、しかし、その人格がまさに同一の法則にかんして同時に立法的であり、そしてそれゆえにのみ当の法則に従っているという点において、当の人格には十分に崇高さがあるから。私たちは、恐れでも傾向性でもなく、もっぱら法則に対する尊敬だけが、行為になんらかの道徳的価値を与えることのできる動機であるということも、先に明らかにした。自分の諸格率によって可能な普遍的立法という条件のもとでのみ行為することになる限りでの私たち自身の意志が、すなわち理念においてではあるが、私たちにとって可能なこのような意志が、尊敬の本来の対象であり、また人間性の尊厳はまさに、普遍的に立法するというこのような能力に存する。〔ただし〕この同じ立法に同時にみずから服しているという条件つきで、ではあるが。

道徳性の最上原理としての意志の自律

意志の自律とは意志の性質であり、その性質によって意志が意志自身にとって〈意志作用の諸対象がもっている一切の性質から独立に〉ひとつの法則になる。すると、自律の原理は、〈意志の選択をもたらす諸格率が同じ意志作用の中で同時に普遍的法則として共に把握されているという仕方以外では選択しない〉というものになる。このような実践的規則がひとつの命法であることは、言い

(155) この段落では、「道徳性」への言及以降で、「意志の自律」の観点からいくつかの概念が整理されている。この中で「許されている」と「許されない」、さらには「義務」は、『実践理性批判』における「自由のカテゴリー表」(V 66、またV 11の注も参照せよ)に含まれている。また、クレメは、ここで言及される「拘束力」について、ヴォルフやその影響下にいるマイヤーの理解との相違を指摘している。すなわち、カントの場合、「拘束力」は純粋理性による強要だが、意志には義務に反して決断する自由が残されているが、マイヤーの場合、自由意志は必然的に拘束力に応じて行為すると解されている(Klemme, S. 148)。

換えれば、それぞれの理性的存在の意志が条件としてのこの規則に必然的に結びついていることは、この自律の原理の中に見出される諸概念をたんに分解するだけでは証明され得ない。なぜなら、この原理はひとつの総合的命題だからである。ひとはさまざまな客体の認識を越えて、主体の批判へ、すなわち純粋実践理性の批判へと進まねばならないだろう。というのは、このような確然的に命じる総合的命題は、完全にア・プリオリに認識され得るのでなければならないからである。もっとも、そうした仕事はこの章では行われない。しかしながら、上述の自律の原理が道徳学の唯一の原理であるということなら、道徳性の概念をたんに分解することでまったく十分に示すことができる。というのは、そうした分解によって、道徳学の原理がひとつの定言的命法でなければならないこと、しかし、その定言的命法が命じるのはまさにこのような自律より以上のものでも以下のものでもないことが明らかになるからである。

（441）

道徳性の真正ならざる一切の原理の源泉としての意志の他律

意志が自分を規定すべき法則を、自分の格率がそれ自身、普遍的立法に対する適格性をもつこと以外のどこか他のところに求める場合、したがって、意志が、自分自身を越え出ることで、なんらかの自分の客体の性質に求める場合、いつでも他律というものが現れる。この場合、意志が自分自身に法則を与えるのでなく、客体がその意志に対する関係を介して当の意志に法則を与える。そのような関係は、よしんばそれが傾向性に基づくとしても理性のさまざまな表象[156]に基づくとしても、たんに仮言的な命法を可能にするにすぎない。すなわち、私がなにごとかを行うべきなのは、私がなにかそれとは別のものを意志するがゆえにである。これに対して、道徳的な、したがって定言的な命法は語る。「たとえ私がなんら別のものを意志しないとしても、いずれにせよ私は行為すべきである」、と。たとえば、仮言的命法は「もし私が体面を保とうと思うのであれば、私は嘘をつくべきでない」と語るが、定言的命法は「たとえそれがいささかの恥辱も招かないとしても、私は嘘をつくべきでない」と語る。したがって、後者は、対象が意志にまったく影響を及ぼさないところまで、一切の対象を捨象しなくてはならない。そうすることで、実践理性（意志）は、外部に由来する関心をたんに執行するのでなく、もっぱら自分自身の命令する威信が最上の立法であることを証明するのである。たとえば、私は他人の幸福を促進するように努めるべきだが、この場合も同様である。すなわち、あたかも私にとって他人の幸福が現実存在することがなにか重大事である（直接的な傾向性によってであろうと、間接的に理性を介したなんらかの適意によってであろうと）かのように、この努力をすべきなのではなく、むしろたんに、他人の幸福を排除するような格率は、一にして同一の意志作用の中で普遍的法則として把握され得ないがゆえに、この努力をすべきなのである。

（156）「理性の表象」に従う場合をまとめて提示しているのが、続く「他律が根本概念であると想定することに基づいて可能になる、道徳性のすべての諸原理の区分」である（Vgl. Klemme, S. 152）。

他律が根本概念であると想定することに基づいて可能になる、道徳性のすべての諸原理の区分

人間の理性は、それが批判を欠いている限り、その純粋な使用において、ここでも他の場合と同様[157]、それが唯一の真なる道を見いだすのに成功するまでに、あらゆる可能な不正な道を試してきた。

この〔他律という〕観点から採用されることがあり得る一切の原理[158]は、経験的（empirisch）であるか合理的（rational）であるかのいずれかである。前者は、幸福の原理に基づき、自然的感情あるいは道徳的感情を基礎としている。後者は、完全性の原理に基づき、可能な結果としての完全性という理性概念を基礎としているか、あるいは私たちの意志を規定する原因としての自立的な完全性の概念（神の意志）を基礎としている。

経験的な諸原理は、道徳的な諸法則に基礎を提供するにはまったく役立たない。というのは、道徳的な諸法則の根拠が人間の自然本性の特殊なあり方に、あるいは人間の自然本性が置かれている偶然的な諸事情に、求められるとしたら、道徳的な諸法則をすべての理性的存在に分け隔てなく妥当させるはずの普遍性、〔ならびに〕道徳的な諸法則によってすべての理性的存在に課せられる無条件の実践的必然性が、なくなってしまうからである。だが、最も退けられるべきは、自己幸福の原理である。その理由は、たんにその原理が誤りであり、あたかも安寧〔よい状態〕はいつでもよい振舞いの後にやってくるごとく、というような言いぐさに経験が異を唱えているからだけではな

い。〔また、〕ひとりの幸福な人間を作りだすこととひとりの善い人間を作り出すこと、そして人間を怜悧にして自分の利益に聡《さと》くすることとその人を有徳にすること、これらはまったく別のことであるがゆえに、たんにその原理には道徳性の基礎構築になんら寄与するところがないからだけでもない。それだけではなく、自己幸福の原理が道徳性にあてがう動機はむしろ道徳性を掘り崩し、その崇高さをまるごと無に帰せしめるからである。それは、この動機が徳への動因と悪徳への動因とを同列に扱い、たんに計算が上手になることだけを教え、その結果、両者の種的な差異を徹底的に消し去ってしまうことによってである。これに対して道徳的感情は、と言えば、これは思い誤られた特別な感覚（原注14）である（考えることのできない人々が、もっぱら普遍的法則が問題である場合にさえ、感じることによって切り抜けようと思って、およそこうした感覚を軽薄にも引き合いに出せば出すだけ、それだけまた感情も——感情は程度という点ではその自然本性上、たがいに無限に異なっているので——善悪のひとつの等しい尺度とはならず、加えて、それだけ或る人が自分の感情によって他の人々にも妥当する判断を下すことなどまったく不可能になるのである）。そうではあるものの、この感覚は、道徳性とその尊厳に対してより近くに留まってはいる。それはこの感覚が、徳への適意と尊重は直

（157）カントはここで、純粋理性の思弁的使用における場合と同様に、その実践的使用においても、純粋理性という能力の批判が必要であることを考えている。

（158）ここで「他律」に基づく諸原理として言及される内容は、『実践理性批判』ではその分析論第一章で、「道徳性の原理における実践的で質料的な規定根拠」という観点から分節化されて論じられている（V 39ff.）。

（443）接的に徳に帰すべきであると、徳に対して敬意を表し、そして徳に対していわば面と向かって〈私たちを徳に結び付けているものは、徳の美しさではなく利益にすぎない〉などと言い放ったりしないことによる。

〈原注14〉私は道徳的感情の原理を幸福の原理に数え入れる、なぜなら、いかなる経験的関心も、なにか或るものが――よしんばそれが直接的にそして利益を意図することなしに行われようと、あるいは利益のことを配慮して行われようと――もたらす快適さによって、安寧〔よい状態〕へのなんらかの寄与を約束するからである。同様の仕方で、他人の幸福への同情という原理は、ハチソン[159]とともに、彼によって想定された道徳的感覚の原理に数え入れられねばならない。

道徳性の合理的諸根拠あるいは理性諸根拠では、やはり完全性という存在論的概念のほうが（この概念は空虚なので、つまり無規定なので、それゆえまた可能な実在性の測りがたい領野において私たちに適合的な最大の成果を見いだすのに役立たないものなので、この概念はまたそれだけはなはだしく、ここで語られる実在性をあらゆる他の実在性から種的に区別するために、循環に陥るという不可避の性癖をもっている。すなわち、この概念は道徳性を説明すべきであるのに、ひそかに道徳性を前提することを免れることができないのである）、やはり神学的概念よりよいものである。神学的概念は、道徳性をなんらかの神的な、すなわちこの上なく最も完全な意志から引き出すのだが、その理由は、たんに、私たちはそうした意志の完全性の直観などけっしてできず、そうした完全性をもっぱら私たちの諸概念だけから――この諸概念のもとでは道徳性の概念が最重要の概念なので――導出できるから、というだけでなく、また、もし私たちがこうした導出を行わないとしたら（たとえ、それが行われた場合に、説明作業における粗雑な循環が生まれることになるとしても）、私たちになお残されている神の意志の概念は、権力と復讐心という恐ろしい表象と結びついた名誉欲と支配欲という性質に基づくものになり、そうした概念は、道徳性に真っ向から対立するような道徳の体系に基礎をもたらすことになるに相違ないだろうからである。

ところで、私が道徳的感覚の概念と完全性一般の概念（この両者は、基礎として道徳性を支えるためにはまったく役立たないとしても、少なくとも道徳性を毀損することはない）とのあいだで選択しなくてはならないとしたら、私は後者〔完全性一般の概念〕を選ぶだろう。なぜなら、完全性一般の概念は少なくとも問題の決着を感性から引き離して純粋理性の法廷へと引き入れるがゆえに、この概念は、そこでなんらかの決着をつけるわけではないが、それでも（なんらかのそれ自体で善い意志という）未規定の理念をさらに詳しく規定すべく、混ぜ物がないまま後に残すからである。

(159) フランシス・ハチソン（1694-1746）はイギリスの哲学者。グラスゴー大学の道徳哲学教授。道徳の根源を「道徳感覚（moral sense）」に求める「道徳感覚説」の代表的な哲学者。彼の『美と徳の諸観念の起源』（一七二五年）は、すでに一七六二年にヨハン・ハインリヒ・メルクによってドイツ語に翻訳されている。なお、この原注では「道徳的感情」と「道徳的感覚」とを分けているように見えるが、『実践理性批判』でカントはハチソンを道徳的感情という立場の代表にしている（V 40）。その点で、両者に区別を設けていないと見るべきであろう。

ともあれ、私はこれらすべての教説を延々と論駁することを免除されてよいと思う。そうした論駁はたいへん容易であり、どうしてもこれらの諸理論のひとつに賛成を表明することが要求される職務（なぜなら聴衆は判断の延期をよろこんで受け入れはしないだろうから）にある人たち自身によって、件の論駁そのものがおそらくはたいへんよく洞察されてきていて、私による論駁などただ余計な仕事にしかならないだろうほどである。むしろ、私たちにとってこの際もっと興味深いのは、これらの諸原理はいずれも意志の他律以外のなにものも道徳性の第一根拠としておらず、そしてまさにそれゆえに必然的にその目的を達成し損ねるに相違ないということを知ることである。

意志に対してそれを規定する規則を指図するために、意志のなんらかの客体が根拠とされなくてはならない場合はどこでも、その規則は他律にほかならないから、命法は条件づけられている。つまり、〈ひとがこの客体を意志するならば、あるいは意志するがゆえに、ひとはあれこれの行為をすべきである〉となる。したがって、この命法はけっして道徳的に命じることができない、言い換えれば、定言的に命じることができない。よしんばこの客体が、自己幸福の原理の場合のように、傾向性を介して意志を規定する場合であれ、あるいは、完全性の原理において、私たちの可能な意志作用一般の対象に向けられた理性を介して意志を規定する場合であれ、意志はけっして直接的に行為の表象によって自己を規定することがなく、むしろ行為によって予期される結果が意志に対して生じさせる動機によってだけ自分を規定する。すなわち、私がなにかあることをなすべきであるのは、私がなにか他のものを意志するからである。この場合はまた、私にその他のものを必然的に意志させる、さらになんらかの他の法則が私の主体の中に根拠として置かれねばならない。〔しかし」この法則はまたしても、このような格率[160]を制限する命法を必要とすることになる。というのは、私たちの諸力でなら可能ななんらかの客体の表象を、主体の自然的特性に従って、主体の意志に抱かせる誘因[161]が、主体の自然本性に――それが感性（傾向性と趣味）という自然本性であろうと、それぞれの自然本性上の特殊なあり方に従ってなんらかの客体に適意とともに働きかける悟性や理性という自然本性であろうと――属するがゆえに、本来的には自然が法則を与えることになるからである。その法則は、法則としては、経験によるだけでは認識も証明もできず、したがってそれ自体では偶然的であり、それゆえ道徳的規則ならそうでなくてはならないような確然的で実践的な規則に役立つものにはならない。こうした自然法則は、むしろつねに意志の他律にすぎないのであり、意志がみずから自分に法則を与えるのではなく、〔意志にとって〕他なる誘因が、この誘因を感じ取るのに適合的な、主体の自然本性を介して法則を意志に与えるのである。

たんてきに善い意志は、その原理がなんらかの定言的命法でなければならないので、一切の客体にかんして無規定であることになり、たんに意志作用一般の形式を含むだろう。それも、自律とし

---

(160) ここで「このような格率」と言われているのは、寸前の「私の主体に根拠として置かれ」ている法則のことである。いかなる実践的原則も、法則でさえも、ひとたびそれが主体に妥当すると見なされるなら、それは当の主体にとって「格率」としての位置を占めるからである（Vgl. V 19）。

(161) ここでは「誘因（Antrieb）」を先行詞とする関係文における関係代名詞を、カント自身は den と書いているが、ハルテンシュタインや PhB 版に従って、der に変更して読んだ。

て含むのである。言い換えれば、あらゆる善い意志の格率がもっている、自分自身を普遍的法則にするための適格性がそれ自身、唯一の法則であり、この法則をあらゆる理性的存在の意志は、なんらかの動機やその関心[162]を根拠とすることなしに、自分で自分に課すのである。

いかにしてそのようなア・プリオリな総合的実践的命題が可能であるか、また、なぜこの命題が必然的であるのかは、その解決がもはや〈道徳の形而上学〉の限界内に存しない課題である。加えて、私たちはこの命題の真理をここでは主張しなかったし、ましてや、この命題のなんらかの証明を私たちが行おうと思えば行えるなどと申し立てもしなかった。私たちはただ道徳性という、ともかくも一般的に人口に膾炙している概念を展開することで、意志の自律ということが道徳性の概念に対して、不可避的な仕方で結びついていること、あるいはむしろ根拠となっていることを示したにすぎない。それでも、およそ道徳性をなにものかであると評価し、真理を欠いたひとつのキマイラ的な理念であるとは評価しないような人なら、上述の道徳性の原理をも同時に認めなければならない。したがって、本章は前章と同様に、たんに分析的だった。さて、道徳性が虚妄でないことは、定言的命法が、それとともに意志の自律が、真であり、ひとつのア・プリオリな原理としてたんてきに必然的である場合に帰結することであり、純粋実践理性のなんらかの可能な総合的使用を要求する。しかし、私たちはそうした使用を、このような理性能力そのものの批判を先に済ませることなしに、あえて行ってはならない。そうした批判について私たちは最終章で、自分たちの意図にとって十分なだけの主要な線を描き出さねばならない。

(162) この「その関心(Interesse derselben)」を「理性的存在の関心(Interesse desselben)」と読むことをPhB版の編者は提案している。ここではカントが記したまま読む。『実践理性批判』によれば、理性によって表象された動機が「関心」だからである(V 79)。

（446）

第三章　道徳の形而上学から純粋実践理性の批判への移行[163]

自由の概念が意志の自律を解明するための鍵である

意志は、理性的である限りでの、なにか生命あるものたちがもつ一種の原因性である。すると、自由というものはそのような原因性の特性だということになるだろうが、それは、当の原因性がそれを外から規定する諸原因から独立に作用できる場合のことである。これは、自然必然性というものが、外からの諸原因の影響によって作動するように規定されるという、理性を欠いた存在すべての原因性の特性であるのと同様である。

上述の自由の説明は消極的（negativ）であり、またそれゆえに、自由がなんであるかを洞察するには生産的でない。とはいえこの説明から、さらにますます内容豊かで生産的な自由の積極的（positiv）な概念が生じる。原因性という概念は諸法則の概念を伴っており、その諸法則に従って、私たちが原因と名づけるなにかあるものによって、他のなにかあるもの、すなわち結果が措定されねばならないので、自由は、たとえそれがさまざまな自然法則に従った意志のひとつの特性ではないとしても、それだからといってまったく無法則であることはなく、むしろ不変な諸法則に従った――とはいえ特殊な――原因性であるに相違ない。というのは、さもなければ、なんらかの自由意志などまったくのナンセンスになってしまうから。自然必然性は、ある意味さまざまな作用因による他律だった。というのは、どのような結果も、なにか他のものが当の作用因を原因性となるように規定するという法則に従ってのみ可能だったから。こうしてみると、いったい意志の自由とは自律すなわち自分自身にとってひとつの法則であるという意志の特性以外のなんであり得ようか。しかし、「意志は一切の行為において意志自身に対してひとつの法則である」という命題は、〈自分自身をひとつの普遍的法則としても対象とすることができるような格率以外のいかなる格率にも従って行為しない〉という原理を表示しているにすぎない。しかし、これこそがまさに定言的命法の定式であり、また道徳性の原理である。こうしてみると、〈自由な意志〉と〈道徳的諸法則のもとにある意志〉とは同一であることになる[164]。

　すると、意志の自由が前提されるならば、その概念を分解するだけで、そこから道徳性がその原理とともに帰結することになる。しかし、そうは言っても道徳性の原理はつねにひとつの総合的命題である。すなわち、「なんらかのたんてきに善い意志とは、その格率がいつでも自分自身を、それが普遍的法則と観られたとしてもみずからのうちに含むことができるような意志である」という総合的命題である。というのは、〈なんらかのたんてきに善い意志〉という概念を分解しても、件の格率の特性は見つけられないからである。では、そうした総合的命題がなにによって可能かと言えば、それは、両方の認識が、両者ともにその中で見いだされ得るようななんらかの第三のものと結合することで、互いに結び付けられることによってだけである。自由の積極的概念がこの第三のものを生み出すが、これは、物理的な諸原因の場合のように感性界の自然ではあり得ない（感性界の自然という概念においては、〈結果としての他のなにか或るもの〉への関係における〈原因としてのなにか或るもの〉のさまざまな概念が集合を形成する）[165]。この第三のものは、自由がそれを私たちに指示し、私たちがそれについてア・プリオリにひとつの理念をもっているものだが、この第三のものがなんであるかはここではまだすぐに示され得ないし、純粋実践理性に基づく自由の概念の演繹[166]を把握す

(163)「序文」の末尾では「最後の一歩」（392）とされていたが、ここでは他の二章と同じく「移行」と表現されている。

(164) アリソンは、この命題を「相互性テーゼ」を名づけて論じている。Allison（1990）, pp. 201-213, Allison（2011）, pp. 283-300. クレメは同じ命題を「同一性テーゼ」とよぶ（Klemme, S. 177）。

(165) ここでは、『純粋理性批判』における「純粋悟性の諸原則」から、特に「経験の第二類推」が念頭に置かれている。そこでは、原因と結果とが、感性界の形式である時間において総合的に結合されるが、原因に対して結果はつねに時間的に後続するがゆえに、結果は原因に対して「他のなにか或るもの」である。なお、ここで物理現象における総合的命題を成立させるものとして「感性界」の自然が言及されることで、「自由の積極的概念」が生み出す「第三のもの」が、「可想界」、あるいは『実践理性批判』の表現を用いるなら「超感性的自然」であることが示唆されている。

ることも、その演繹とともにまたなんらかの定言的命法の可能性を把握することもなされ得ない。これらのことにはなおいくらかの準備が必要である。

自由がすべての理性的存在のもっている意志の特性として前提されねばならない

私たちが、もしすべての理性的存在にも自由があると考えるのに足りる根拠をもっていないとしたら、自分たちの意志に、いかなる根拠によるにせよ、自由を帰すのは不十分である。というのは、道徳性は、もっぱら理性的存在としての私たちにとって法則として役立つので、すべての理性的存在にも妥当しなくてはならないからであり、また、道徳性は自由の特性だけから導出されねばならないので、自由もまたすべての理性的存在のもっている意志の特性として証明されねばならないからであり、さらに、自由を人間の自然本性についての思い誤られた特定の諸経験に基づいて示すこと（このようなことはたんてきに不可能なのであるが、そして〔自由は〕ア・プリオリにだけ示され得るのだが）も不十分であり、むしろ自由は、理性的でなんらかの意志を付与されている存在たち一般の活動〔の一部をなしているもの〕(167)として証明されねばならないからである。ここで言っておこう。〈自由という理念〉のもと以外では行為できないあらゆる存在は、まさにそれゆえに実践的な観点では現実に自由であり、すなわち(168)、そうした存在にとっては、自由と不可分に結びついている一切の法則が妥当しているのであり、これはちょうど、あたかもそうした存在の意志が、それ自体においてもそして理論的哲学においても妥当な仕方で、自由であると説明されるかのようである、と

（原注1）。さて、私が主張したのは、私たちは、なんらかの意志を有しているあらゆる理性的存在に対して、必然的に〈自由という理念〉をも付与しなければならず、そうした存在はその理念のもとでのみ行為するのだ、ということである。というのは、そのような存在において私たちは、実践的である理性を、言い換えれば、自分の客体にかんする原因性をもっている理性を、思い描くからである。さて、みずから意識的に自分の諸判断にかんして他所《よそ》からのかじ取りを受け入れるような理性など思い描くことはできない。というのは、そのような理性を想定するなら、主体は判断力の規定を自分の理性にではなく、なんらかの誘因に譲り渡してしまうからである。理性は自分自身を自分の諸原理の創始者と見なさねばならないのであり、外部からのさまざまな影響から独立していると見なさねばならない。つまり理性は、実践的な理性として、あるいは理性的存在たるものの意志として、自分自身によって自由であると見なされなければならない。言い換えれば、このような理性的存在たるものの意志は、〈自由という理念〉のもとでのみ自分の意志であり得るのであり、

（166）「演繹（Deduktion）」は、カントが『純粋理性批判』で「純粋悟性概念の演繹」にかんして用いて以来、彼固有の意味で用いる表現だが、ここでは、権利上、自由の概念がなくてはならないことを論証することを意味している。

（167）「の一部をなしているもの」という付け加えは、文法的な見地からハルテンシュタインの提案に従って、原文にない gehörig を補って読むことに由来する。

（168）ここで「すなわち」と言われ得るのは、先に「〈自由な意志〉と〈道徳的諸法則のもとにある意志〉とは同一である」（本書一四〇頁、447）と指摘されていたからである。

それゆえ実践的見地においては、すべての理性的存在にあるとされねばならないのである。

〔原注1〕自分たちの行為に際して理性的存在たちが自由をたんに理念において根拠とすることが、私たちの〔実践的な〕見地にとって十分であると想定するという、このような方途を私が採用するのは、自由を理論的な見地においても証明せよと私が自分を拘束する必要がないようにするためである。というのは、そうした証明が未決のままに残されているとしても、それでも、自分自身の〈自由という理念〉のもと以外では行為できないような存在にとっては、なんらかの存在が現実に自由であるとしたらその存在を拘束するであろうような諸法則が妥当するからである。それゆえ私たちはここで、理論がかけてくる負荷から自分を解放できるのである。

道徳性の諸理念に結びついている関心について

(449) 私たちは道徳性の明確な概念を〈自由という理念〉に最終的に帰したが、この理念を、なにか現実的なものとして私たち自身のうちでそして人間の自然本性のうちで、証明できたわけではけっしてない。私たちが見たのはただ、なんらかの存在を、理性的でさまざまな行為にかんして自分の原因性の意識を付与されたものとして、言い換えれば、なんらかの意志を付与されたものとして、思い描こうとするなら、私たちは〈自由という理念〉を前提しなくてはならないということにすぎない。また同様に見いだしているのは、私たちは、まさに同一の根拠に基づいて、理性と意志とを付与されたあらゆる存在に、その自由という理念のもとで行為遂行に向けて自己規定するという特性があると考えねばならないということである。

しかし、このような理念の前提に基づいて、行為するためのひとつの法則の意識も生じた。それは、「さまざまな行為の主観的諸原則すなわち諸格率はいつでも、それらが客観的にも、言い換えれば普遍的に原則としても、妥当し得るように、したがって私たち自身の普遍的立法に役立ち得るように採用されねばならない」という法則である。それにしても、いったいなぜ私がこの原理に服すべきなのだろうか、それも理性的存在一般として服すべきなのだろうか、すると、それによって他のすべての理性を付与された存在もこの原理に服すべきだということになるが、それはなぜか。私は、そうすることへと自分をいかなる関心も駆り立てることがないことを認めよう。というのは、関心が定言的命法をもたらすことはないだろうから。とはいえ、それでも私は定言的命法に対して必然的に関心を抱かねばならないし、どうしてそうなるのかを洞察しなければならない。というのは、この「べきだ〔当為〕」（Sollen）はもともと、どの理性的存在においても理性がいかなる障害もなしに実践的であるならという条件のもとでは、あらゆる理性的存在に妥当する「しよう〔意志作用〕」（Wollen）だからである。〔だが、〕私たちのような、〔理性とは〕別種の動機としての感性によっても触発される存在にとって、〔それゆえ〕理性がそれだけでなら行うだろうことがつねになされるわけではない存在にとって、行為のあの必然性はひとつの「べきだ〔当為〕」にすぎないことになり、主観的必然性は客観的必然性から区別されるのである。

こうしてみると、〔これまでの議論は〕あたかも次のようであるかのように見える。[169] 私たちは実のところ〈自由という理念〉において道徳的法則すなわち意志自身の自律の原理を前提したにすぎず、また道徳的法則の実在性や客観的必然性をそれとして証明することができなかったのであり、なるほどそこで私たちは、少なくとも真正の原理をおそらくは他で行われているよりも精確に規定したということで、依然として実に小さからぬものを手に入れてはいるのだが、しかし、その原理の妥当性とその原理に服すべきだという実践的必然性とについては少しも前進しなかった。というのは、いったいなぜ、私たちの格率のひとつの法則としての普遍妥当性が、私たちのさまざまな行為を制限する条件とならなければならないのだろうか、また、このように行為することにあると私たちが考える価値は、それより高次の関心などどこにも存在し得ないほど大きいはずだが、私たちはそうした価値の根拠をなにに求めるのだろうか、さらに、どうして人間はそうした行為によってのみ自分の人格的な価値を感得すると信じ、それに比べればなんらかの快適なあるいは快適ならざる状態の価値など無に等しいと評価されるべきだと信じるということが生じるのだろうか、という自分たちに向けられた問いに、私たちが満足のいく答えを与えることができなかったからである。

たしかに、私たちがいささかも〈状態への関心〉を伴わないような人格的性質[170]になんらかの関心を抱くことはあり得るし、人格的性質の方が〈状態への関心〉にあずかることを可能にするのでありさえすれば、その場合は、理性がこの〈状態への関心〉の分配を実現すべきことが、言い換えれば、ひとえに幸福であるに値することが、このような幸福にあずかるようになるためという行為根拠なしでも、それだけで関心をひくことがあり得ることを、私たちはしっかり見いだしてはいる。しかしながら、このような判断は、実際には、前もって道徳的諸法則が重要であることが前提されていること〈私たちが〈自由という理念〉によって一切の経験的関心を離れている場合〉の結果にすぎない。しかし、私たちがそうした経験的関心を離れるべきこと、言い換えれば、自分を行為遂行において自由であると観るべきこと、またそうであるにもかかわらず、自分を一定の諸法則に服していると考えるべきこと、それによって、私たちの人格のうちだけに、私たちの状態になんらかの価値をもたらすものがすべて失われてもそれを補うことができる価値が見いだされること、また、このことがどのようにして可能であるか、したがって、どうやって道徳的法則は拘束するのか、(171) これらのことを私たちは、これまでの論じ方によってはいまだ洞察できていないのである。

率直に申し上げねばならないが、ここには、一見したところそこから抜け出ることができない一種の循環が現れている。私たちは、自分たちを道徳的諸法則のもとにある諸目的の秩序のなかで考えるために、さまざまな作用因の秩序のなかで自分を自由であると想定するのだが、他方、私たち

---

(169) 以下、この段落はその終わりまで接続法二式で書かれている。したがって、この段落全体が「あたかも……であるかのように見える」という視点のもとにあることになる。

(170) 「いささかも〈状態への関心〉を伴わないような人格的性質」という表現は理解しづらいものだが、ここで「人格的性質」とは理性的に自由を実現しているという性質であり、この性質に対して私たちは、〈状態への関心〉としての〈幸福になることへの関心〉を伴っていなくても、関心を抱くことがあり得るということである。

(171) ここで「どうやって」と訳した単語は woher である。クレメはこの単語が因果的な意味（源泉）と規範的な意味（根拠）の双方をもつことを指摘している。前者すなわち道徳的法則において表現された拘束力の源泉への問いへの答えは純粋理性に他ならない。しかし、後者すなわち根拠への問いとして件の問いを受け止めるとき、カントが次の段落で指摘するような「循環」が現れることになる（Klemme, S. 192f.）。

は、自分たちに意志の自由があると考えたがゆえに、自分がそれらの諸法則に服していると後から考えているのである。というのは、〈自由〉と〈意志が行う固有の自己立法〉とはともに自律であり、したがって交換概念だからである。しかし、まさに交換概念であるがゆえに、両概念のうちの一方が他方を説明し当該の他方の根拠を示すために使用されることはできないのであり、〔できることはと言えば〕せいぜいたんに、まさに同一の対象の、論理的な見地からは異なって見えるさまざまな表象をなんらか唯一の概念に（同じ大きさをもつさまざまな分数を最小の表現にもたらすのと同様に）もたらすための使用にすぎない。

しかし、私たちにはなおひとつの方策が残されている。それは、私たちが、〈自由によって自分たちをア・プリオリな作用因として考える場合〉には、〈私たちが目の当たりにしている諸結果としての私たちの諸行為に従って、自分自身を表象する場合〉とはなにか異なる立場をとっていないかと調べてみることである。

(451) 次の見解は、それをもつために繊細な思索などまったく必要なく、むしろ最もふつうの悟性ですらそれを、それなりの仕方で、判断力の曖昧な区別――最もふつうの悟性はそれを感情と呼んでいる――によっておそらく抱くことができるものである。[172] それは、（感官の表象のように）私たちの選択意志なしに私たちに現れる一切の表象は、それらが私たちを触発する仕方以外では私たちに認識すべき諸対象を与えることがなく、その際、そうした諸対象が自体的になんであろうかは、私たちには未知のままに留まるのであり、それゆえ、私たちはこの種の諸表象について、それを介しては、悟性がどれほど多くのきわめて入念な注意や判明性を〔それに対して〕付け加えるとしても、それでもたんに諸現象の認識に到達することができるにすぎず、けっして物それ自体の認識には到達できない、という見解である。[173] このような区別がひとたびなされるや（おそらくこれは、たんに、私たちにどこかほかから与えられ、その際には私たちが受動的になる諸表象と、私たちがもっぱら自分自身から生み出し、その際には私たちが自分の活動性を証明する諸表象とのあいだに認められた差異によるのだが）、諸現象の背後にはそれでもなお、現象ならざるなにか他のもの、すなわち物自体が容認され想定されねばならないということがおのずから帰結する。たとえ、物自体が私たちにとってけっして既知のものとなり得ず、どのように物自体が私たちを触発するかだけがどれほど既知のものとなろうと、私たちは物自体にそれ以上近づくことはできず、それが自体的になんであるかを知ることがけっしてできないということに、私たちがおのずから甘んじるとしても、そうである。このことは、なんらかの感性界（eine Sinnenwelt）の悟性界（die Verstandeswelt）からの区別を――洗練されていないとはいえ――もたらさずにはおかず、その前者は、さまざまな世界観察者たちの感性の差異に従って、たいへん差異に満ちたものであり得るが、他方で後者は、前者の根拠としてあり、

（172） ここで「選択意志なし」と書かれているのは、ことがらが認識能力にのみかかわっていて欲求能力にかかわっていないことを示唆するためである。

（173） ここに提示された見解は、カント批判哲学の根幹に位置づく〈現象と物それ自体との区別〉と変わらない。それにもかかわらず、ここではこの見解が「最もふつうの悟性」ですら、それを抱くことができるものとして導入される。これは、本書第三章が、最上の「原理が使用されているふつうの認識へと総合的に歩みを戻す」（392）ものとして、「ふつうの認識」に定位して書かれていることに由来するだろう。

つねに同一のままである。人間には、自分自身さえも、それも人間が内的感覚によって自分についてもっている知識に従ってさえ、自分がそれ自体においてどのようなものであるかを認識するという不遜は許されない。というのは、やはり人間は自分自身をいわば創造するのでなく、自分の概念をア・プリオリにでなく経験的に手に入れるのだから、当然のことながら、自分についても内官を介して、したがってもっぱら自分の自然本性の現象や自分の意識が触発される仕方を介してのみ、情報を集めることができるからである。しかし、他方で人間は否応なしに、このようなまったくの諸現象から合成された自分自身の主観の性質を越えて、さらに、根拠として存するなにか他のもの、すなわち自分の自我を、それがそれ自体でもっているだろう性質のままに想定せざるを得ず、それゆえ自分を、さまざまな感覚のたんなる知覚や感受性にかんしては感性界に、他方、およそ人間の内にあるだろう純粋活動性（およそ感官の触発によってではまったくなく直接的に意識に達するもの）にかんしては知性的世界（die intellektuelle Welt）[174]に数え入れなくてはならない。もっとも、この世界のことを人間はこれ以上なにも知らないのだが。

（452）

よく考える人間なら、当人の前になにが現れてこようと、現れてくる一切の物についてこのような結論に至るに相違ないが、おそらくこの結論は最もふつうの悟性においても見いだされ得る。周知のように、最もふつうの悟性は、感官の諸対象の背後に依然としてなにか見えざるもの、それ自身でみずから活動しているものを期待する強い傾向をもっている。しかし、最もふつうの悟性は、この見えざるものをただちにもう一度自分にとって感覚可能なものにし、言い換えれば、直観の対象にしようとすることによって、当の見えざるものをまたしても台無しにしてしまい、結果としてこれによって少しも賢くならないのであるが。

さて、人間は自分のなかにひとつの能力を見いだす。それは、それによって人間が自分を一切の他の事物から、それどころか諸対象によって触発される限りでの自分自身から、区別する能力である。これが理性である。理性はこのように純粋活動性なのだが、それに加えて、次の点で悟性をも凌駕している。悟性もまた自己活動性であり、感官のように、ひとが諸事物によって触発されている（したがって、受動的な）場合だけに生じる諸表象のみを含んでいるわけではないものの、それでも悟性が自分の活動性に基づいて産み出すことができる概念は、感性的な諸表象を規則の下にもたらし、それによって感性的な諸表象をひとつの意識において統一することにのみ役立つような概念だけであり、このような感性の使用なしに悟性はまったくなにも考えないだろうが、それに対して、理性は諸理念の名のもとで実に純粋な自発性を示すので、それによって理性[175]は、感性が理性〔自身〕に提供することだけはできるものすべてを遙かに超え出ることになり、また、感性界と悟性界とを互いに区別し、それによってかえって悟性自身にその諸制限をあらかじめ指示することこそが、理性の最重要な仕事であることを証明するのである。

（174）　カントは後年、『純粋理性批判』第二版において、「知性的世界」という表現が、当時のドイツ語の使用法に従うような仕方では用いられるべきでないことを注記している（B312Anm.）。「知性的」という表現は認識にかんして用いられるものであり、対象にかんしては「可想的（intelligibel）」という表現が用いられるべきだからである。

そのため、理性的存在たるものは自分自身を知性（Intelligenz）として（つまり、自分の下級の諸力の側からではなく）、感性界にではなく悟性界に属するものとして見なさねばならない。それゆえ、理性的存在は二つの立場をもち、その立場から自分自身を観察し、自分の諸力を使用する法則を、つまり自分のすべての行為の法則を、第一に、感性界に属す限りでは、さまざまな自然法則の下で（他律）、第二に、可想界に属すものとしては、自然から独立していて経験的でなくたんに理性に根拠をもっているさまざまな法則のもとで、認識できるのである。

理性的存在たるものとして、それゆえ可想界に属する存在として、人間は自分自身の意志の原因性を〈自由という理念〉のもとでしか考えることができない。というのは、感性界の規定された諸原因からの独立ということ（これが自分自身にあると理性はいつでも考えねばならない）が自由だからである。さて、この〈自由という理念〉と自律の概念とが不可分に結びついていて、さらに自律の概念と道徳性の普遍的原理とが不可分に結びついている。この道徳性の普遍的原理は、自然法則が一切の現象の根拠になっているのと同様に、理念においてではあるが理性的存在のすべての行為の根拠になっている。

(453)

いまや、先に私たちが喚起した疑いは取り除かれた。その疑いとは、自由から自律へとそして自律から道徳的法則へと進む私たちの推論にひとつの隠れた循環が含まれているのではないかというものである。詳しく言うなら、私たちは、あるいは〈自由という理念〉をもっぱら道徳的法則のために根拠に置き、後になって今度はその道徳的法則を自由から推論しようとしたのではないか、それゆえ道徳的法則についてはまったくそれを根拠づけることができなかったのであり、むしろ道徳的法則を、〈立派なこころの持ち主ならばきっと進んで私たちに認めてくれるであろう原理ではあるが、それを私たちはけっして証明可能な命題として提示できないような原理〉の懇願としてしか示すことができなかったのではないか、という疑いである。〔このような疑いが取り除かれた〕というのは、いまや私たちは、もし自分たちを自由であると考えるとしたら、私たちは自分たちを悟性界へ成員として置き移し、意志の自律をその帰結である道徳性とともに認識するが、他方、もし私たちが自分たちを義務づけられていると考えるなら、私たちは自分たちを、感性界に属しているが同時に悟性界に属していると観るのだということを見てとっているからである。

(175) ここで「理性」と訳したsieを、PhB版はアーノルトの提案に従って、er〔悟性〕に修正して読むことを提案している。また、同様に、続く「理性〔自身〕」も「悟性〔自身〕」に修正している。『純粋理性批判』の厳密な用語法に従うなら、PhB版の提案も有意味である。というのは、理性は感性にではなく悟性にかかわるのだという同書の記述を踏襲する場合、「感性が理性〔自身〕に提供することだけはできるもの」という表現が奇異なものになるからである。しかし、ときに「理性」が悟性と狭義の理性とを含む広義で用いられる場合があるので、ここではカントが記したままで訳出する。

(176) PhB版の編者はハルテンシュタインに従い、カントが「規定された（bestimmten）」と記した箇所を「規定する（bestimmenden）」に修正しているが、カントの原文に従う。

　理性的存在は、知性としての自分を悟性界に数え入れ、もっぱらこのような悟性界に属するひとつの作用因として、自分の原因性を意志とよぶ。しかし他面で、理性的存在は自分自身を感性界の一部分としても意識している。この感性界において理性的存在の諸行為は、そうした原因性のたんなる現象として出会われることになるが、この原因性の可能性の方は、この原因性――それを私たちは知らない――に基づいては洞察され得ない。その代わり、理性的存在の諸行為は、他の諸現象によって規定されたものとして、すなわち欲望や傾向性によって規定されたものとして、感性界に属するのだと洞察されねばならない。すると、もっぱら悟性界の成員として私の一切の行為は、純粋意志の自律という原理に完全に適っているだろうし、もっぱら感性界の一部分としての私の一切の行為は、さまざまな欲望や傾向性の自然法則に、それゆえ自然の他律に、まったく適っていると受け取られねばならないだろう。（前者の諸行為は道徳性を、後者の諸行為は幸福を、最上原理にするだろう。）しかし、悟性界は、感性界の根拠をそれゆえまた感性界の諸法則の根拠を含んでいるのであるから、[177] つまり私の（まったく悟性界に属している）意志にかんしては直接的に立法的であるから、そして悟性界はそのようなものとしても考えられねばならないから、私は自分を知性として、たとえ他面においてはなにか感性界に属するものとして認識しているとしても、それでも悟性界の法則に服しているものとして、言い換えれば、〈自由という理念〉の中で悟性界の法則を含んでいる理 （454）

性に服しているものとして、つまりは意志の自律に服しているものとして、認識しなければならないだろうし、それだから悟性界の法則を自分にとっては命法であると、またこのような原理に適った諸行為を義務であると、見ているのでなければならないだろう。

するとこのような仕方で、〈自由という理念〉が私をなんらかの可想界の一成員にすることによって、さまざまな定言的命法が可能なのである。〔なお、〕そうすることによってもっぱら私がそのような成員だけであるとしたら、私の一切の行為は意志の自律にいつでも適っていることになるだろうが、私は自分を同時に感性界の成員としても見定めているのだから、〈私の一切の行為は意志の自律にいつでも〉適っているべきなのである。この定言的な「べきだ」はひとつのア・プリオリな総合的命題を表すが、それは、〈感性的な欲望によって触発される私の意志〉に対して、さらに、〈同じ意志ではあるが悟性界に属し純粋でそれ自身だけで実践的な意志〉という理念が付け加わり、後者の意志が前者の意志の最上の条件を含むことによって、である。これは、〈感性界の諸直観〉に、それ自身だけで法則的形式一般という意義をもつ〈悟性の諸概念〉[178]が付け加わり、それによっ

（177）「悟性界」が「感性界」の根拠を含んでいるという主張は、『プロレゴーメナ』§32における「現象の根拠として物それ自体が存することを認める」（IV 314）という主張と通じている。本書『基礎づけ』は、『プロレゴーメナ』に近接して執筆されたことが併せて想起されるべきである（Vgl. Klemme, S. 205）。

（178）ここで言及される「それ自身だけで法則的形式一般という意義をもつ〈悟性の諸概念〉」は、『純粋理性批判』で提示され正当化された純粋悟性概念（カテゴリー）のことである。

て、なんらかの自然のすべての認識の基となるア・プリオリな総合的命題を可能にするのと、おおよそ同様である。[179]

ふつうの人間理性の実践的使用が、このような演繹の正当性を保証している。誰でも、この上なく邪悪ないたずら者でさえ、その人がふだんは理性を使用することに慣れていさえすれば、その人に対して、意図したことに対する実直さ、さまざまな善い格率を遵守する際の揺るぎなさ、そして普遍的な仁愛（さらにまた、その仁愛にさまざまな利益や安楽の大幅な犠牲が結びついている場合）の実例が示されるなら、自分もまたそのような心術をもちたいと願わない人はいない。もっともその人は、もっぱら当人のさまざまな傾向性や誘因のために、そうした願いを自分の中でしっかり実現できるわけではないが、それでも、その際に同時に、そのような当人自身を煩わせるさまざまな傾向性から自由になりたいと願うのである。さて、このことによってその人は次のことを証明している。それは、その人が、感性のさまざまな誘因から自由な意志でもって、思考の中で自分を感性の領野における当人の欲望とはまったく別の、なんらかの事物の秩序に置き移すということであり、なぜなら、その人があの〔傾向性から自由になりたいという〕願望によって、さまざまな欲望を充たすことや、それゆえ当人が現実にもっているかさもなければ考えられる限りのさまざまな傾向性のいずれかひとつを満足させる状態を期待することなどあり得ず（というのは、このような欲望充足や満足した状態によっては、当人にあの願望を抱かせた理念さえ、その卓越性を失うことになるだろうから）、むしろ〔あの願望によっては〕自分の人格の或るもっと大きな内的価値だけを期待できるからだ、ということである。しかし、その人がこのようなより善い人格であると信じるのは、当人が悟性界の一成員という立場に自分を置き移す場合であり、そうすることへと当人を否応なく強要するのは〈自由という理念〉、すなわち感性界の規定する諸原因からの独立という理念なのである。また、この〔悟性界の一員という〕立場においてその人はなんらかの善い意志を意識するのであり、その善い意志は、感性界の成員としての自分の悪い意志にとって、当人自身が認めるところに従えば、法則となっている。当人はこの法則に違反しつつ、その威信を知っているのである。こうして道徳的な「べきだ（Sollen）」は、なんらかの可想界の成員としての当人固有の必然的な意志作用〔しよう（Wollen）〕なのであり、ただ当人が自分を同時に感性界の一成員と観る限りにおいてだけ、当人によって「べきだ」と考えられるのである。

すべての実践的哲学の極限的な限界について

すべての人間は、意志という点で自分は自由だと考える。さまざまな行為について、それらが行われることはなかったものの行われるべきだったとする一切の判断は、このことに由来する。しかしながら、このような自由は経験概念でなく、またそうしたものであることもできない。なぜなら

（179） この「おおよそ」という表現は重要である。カントが、ア・プリオリな総合的命題について、理論的認識の場合と実践的認識の場合とにおいて一定の類似を認めつつも、同一ではないと考えていることを示唆しているからである。

意志[180]は、たとえ経験が〈自由という前提のもとで必然的であると表象されるような諸要求〉の正反対のことを示すとしても、つねに留まり続けるからである。他面において、およそ一切の生起することはさまざまな自然法則に従ってどうしようもなく規定されているというのも同様に必然的であり、それゆえこのような自然必然性もまた経験概念ではない。その理由はまさに、意志[181]が、必然性の概念を、したがってなんらかのア・プリオリな認識の概念を、もち合わせているところにある。他方、なんらかの自然についてのこのような概念は、経験によって保証されるのであり、そのような概念は、経験が、すなわち感官の諸対象の普遍的諸法則に従って連関している認識が、可能なはずだという場合には、それ自身、不可避的に前提されねばならない。したがって、自由は理性のひとつの理念であるにすぎず、その客観的実在性がそれ自体では疑わしいものにすぎないが、他方で、自然はひとつの悟性概念であり、その実在性を経験のさまざまな実例によって証明する、また必然的に証明しなくてはならないものなのである。

さて、たとえ理性のなんらかの弁証論がここに発するとしても――〔弁証論が生じるのは〕意志にかんしては、意志にあると考えられた自由と自然必然性とが矛盾するように見えるし、このような分かれ道において思弁的見地における理性は、自由の道よりも自然必然性の道がずっとよく均《なら》されていてずっと有用であることを見いだすからである――、それでも実践的見地においては、自由の小道こそが、私たちのすることなすことにおいて自分の理性を使用することが可能になる唯一の道なのであるから、屁理屈をこねて自由をないものにすることは、最もふつうの人間理性にとって不可能なのと同様に、最も繊細な哲学にとっても不可能である。それゆえ、最もふつうの人間理性は、人間のさまざまな同一の行為における自由と自然必然性とのあいだにはいかなる真の矛盾も見いだされないということを、ともかくも前提しなくてはならない。というのは、そうした人間理性は、自然の概念も自由の概念も、どちらも廃棄できないからである。

しかしながら、たとえひとが〈自由はどのようにして可能か〉をけっして把握できないとしても、このような見かけ上の矛盾は、せめて説得力ある仕方で根絶されねばならない。というのは、〈自由はどのようにして可能かを把握できないことに〉加えて、自由について考えられたことがそれ自身に矛盾したり、あるいは自然に——自然も同様に必然的である——矛盾するとしたら、自由が自然必然性に対してまったく放棄されねばならないことになるだろうからである。

しかし、自分のことをどうやら自由であるらしいと思う主体が、自分を自由であるとよぶ場合に、その主体が同一の行為において自分は自然法則に服していると想定する場合と、同じ意味においてあるいはまさに同一の関係において自分自身のことを考えるとすれば、このような矛盾を免れるこ

---

(180) PhB版はここで「意志」と訳したerに対して、それをsieと修正する可能性を示唆している。ここでは、カント自身の記述に従って読む。

(181) PhB版は、ここで「意志」と訳したerに対して、それをsieと修正する可能性を示唆している。ここでは、カントの記述に従って読む。修正提案に従うなら、「意志」は「自然必然性」に置き換えられることになる。また、erのまま読むとしても、それを「経験概念」と読む可能性も残っている。ここで、erを「意志」と読むのは、当該箇所の文脈が、注180を付した「意志」と同様に、段落の冒頭の「意志という点で」という問題設定の支配下にあると考えるからである。

とは不可能である。したがって、少なくとも次の〔三つの〕ことを示すことは、思弁的哲学のゆるがせにできない課題である。それは、この矛盾にかんする思弁的哲学の思い違いはまさにそこに起因すること、私たちが人間のことを自由であるとよぶ場合には、人間を自然の一部として自然の諸法則に服していると見なす場合とは異なる意味や関係で考えていること、そして、両者はまったく問題なく両立できるのみならず、同一の主体において必然的に統一されていると考えられねばならないこと、である。この〔第三点の〕理由は、そのように考えられないとしたら、なぜ私たちは理性を〔自由という〕ひとつの理念で煩わせなければならないのか、その根拠を述べることができなくなってしまうからである。なにしろこの理念は、矛盾なく〔自然という〕もうひとつの十分に確かめられた理念と統一され得るにもかかわらず、それでも私たちを、理性をその理論的使用において窮地に追い込むような仕事へと巻き込むのである。もっとも、このような義務が課せられるのはもっぱら思弁的哲学であり、これによって思弁的哲学は実践的哲学に対して自由な道を設えるのである。要するに、この見かけ上の抗争を除去しようとするか、それともこの抗争に触れずにおこうとするかは、哲学者の任意に委ねられていないのである。というのは、この抗争に触れずにおくなら、この点にかんする理論は所有者のいない財産（bonum vacans）となり、運命論者がそれなりの理由でそれを占有し、一切の道徳学をその所有地から、権限なしに占有していると思い誤って追い払うことが可能になってしまうからである。

だが、ここではまだ、実践的哲学の諸限界が始まるとは言えない。というのは、このようなもめごとの調停は実践的哲学にまったく属しておらず、それはもっぱら思弁的理性に次のことを要求するからである。思弁的理性が、理論的な問いで自分を自分で巻き込んでいる不一致に、自分で終止符を打ち、それによって、実践的理性がそこに定住しようとしている土地の所有権を当の理性に争わせることになりかねない外部からの攻撃に対して、実践的理性が安心と安全を得るように〔せよ〕、と。

もっとも、意志の自由への権利要求はふつうの人間理性でさえ行うが、その権利要求は、理性がたんに主観的に規定された(182)諸原因――こうした諸原因が全体として構成するのは、およそたんに感覚に帰属し、それゆえ感性という一般的な名称の下に属するものである――から独立しているという意識とそれを当然のこととした前提とに基づいている。このような仕方で自分を知性として観る人間は、そのことによって、自分をなんらかの意志をしたがって原因性を賦与された知性であると考える場合には、人間が自分を感性界におけるひとつの現象体(人間は現実にもそうなのである)として知覚して、自分の原因性を外的規定に従ってさまざまな自然法則に服させる場合とは、諸事物のなにか別の秩序の中に自分を置くのであり、また、まったく別種の規定する諸根拠に対するなんらかの関係の中に自分を置くのである。ところで、人間は、この両者が同時に成立できるし、いやそれどころか成立しなければならないことにただちに気づく。というのは、現象におけるなんらか

(182) PhB版はハルテンシュタインに従い、カントが「規定された(bestmmten)」と記した箇所を「規定する(bestimmenden)」に修正しているが、カントの原文に従う。なお、本書(一五二頁、452)にも同様の箇所がある。

の物（これは感性界に属している）が特定の諸法則に服していて、まさに同じ物が物それ自体あるいはなにか存在するものそれ自体としては、そうした諸法則から独立していることには、少しの矛盾も含まれないからであり、他方、人間が自分自身をこのような二通りの仕方で表象し考えねばならないことは、前者〔現象〕にかんしては、感官によって触発された対象として自分自身を意識することに基づいており、後者〔物それ自体〕との関係では、知性として自分自身を意識すること、言い換えれば、理性使用においてさまざまな感性的な印象から独立していると（したがって悟性界に属していると）意識することに基づいているからである。

こうしたことから、人間は、なにがもっぱら自分の欲望や傾向性のために必要かなどまったく自分の勘定に入れさせない意志をあえて我がものとするようになり、他方で、一切の欲望や感性的な刺激を無視することでだけ行われ得るような諸行為を自分によって可能なものと、いやそれどころか必然的であると考えるようになる。そうした諸行為の原因性は、知性としての人間の内に存し、また、なんらかの可想界の諸原理に従ったさまざまな結果や行為の諸法則の中に存する。〔ただし〕そうした可想界について人間が知っているのはせいぜい、そこではもっぱら理性が、それも純粋で感性に依存しない理性が、法則を与えること、その人はそこでは知性としてのみ本来の自己（それに対して、人間としては当人自身のものの現象にすぎない）であるから、その法則は当人に直接的にまた定言的に関係していること[183]、その結果、さまざまな傾向性や誘因（それゆえ感性界の自然全体）が（458）なにに向けて刺激しようと、それが、知性としての当人の意志作用の諸法則を傷つけることなどあり得ないこと、加えて言うなら、その人がそれらの傾向性や誘因に責任を負うことはなく、またそれらを自分本来の自己すなわち当人の意志のせいにすることもないが、それらが自分の格率に影響を与えることを当人が容認することで意志の理性法則を毀損する場合には、自分がそれらを大目に見てもよいと思ったことには、たしかに当人が責任を負うのだということ、までである。

実践的理性は、なんらかの悟性界に立ち入って考えることによっては、自分のさまざまな限界を少しも踏み越えはしないが、もし悟性界に立ち入って見たり、立ち入って感じたりしようとするなら、限界をきっと踏み越えることになる。悟性界に立ち入って考えることは、意志の規定において理性にいかなる法則も与えることのない感性界にかんするひとつの消極的な思考にすぎないが、ただ次の唯一の点においてだけは積極的である。その唯一の点とは、消極的な規定としてのあの自由が、ある（積極的な）能力と、それも私たちが意志とよぶ理性の原因性と、同時に結びついているということである。その能力は、さまざまな行為の原理が理性原因たるもののもつ本質的な性質に、すなわち格率がひとつの法則として普遍妥当性をもつという条件に、適っているような仕方で行為する能力である。しかし、実践的理性がさらになんらかの意志の客体を、すなわちひとつの動因を、悟性界から持ってくるとしたら、実践的理性は自分の諸限界を踏み越えて、自分にはなにも分からないことを知っていると思い上がることになるだろう。つまり、なんらかの悟性界の概念は、理性

（183）ここで「関係し」と訳した angehen は「襲い掛かる」という意味をももっていて、この点は、『実践理性批判』で「純粋実践理性の根本法則」の意識が私たちに「おのずと湧いてくる」というときの sich aufdringen が「迫って来る」という意味ももっていることに通じている（V 32）。

が、自分自身を実践的であると考えるためにではなく、諸現象の外でとるべきだと自分が強要されているのを見てとるようなひとつ立場にすぎないのである。理性が自分自身を実践的であると考えることは、感性界の諸影響が人間にとって決定的であるとしたら不可能になるだろうが、しかし人間にとって、知性として自己自身を意識することが、それゆえ理性的で理性によって活動する原因すなわち自由に作用する原因として自己自身を意識することが、否定されるべきでない限り、それは必然的なのである。もちろんこのような思考は、感性界に相当する自然メカニズムの秩序や立法とは異なる秩序や立法の理念を伴い、なんらかの可想界（すなわち、物それ自体としての理性的存在たちの全体）の概念を必然的にするが、しかし、いささかも思い上がりを含むものではなく、ここでは〈たんに可想界の形式的条件に従って、言い換えれば、意志の格率が法則としてもつ普遍性に適って、それゆえ唯一、意志の自由と両立可能である意志の自律に適って、考える〉こと以上のことではない。これに対して、一切の法則は、それがなんらかの客体に向けて規定されているなら、他律をもたらし、この他律というものは、さまざまな自然法則においてだけ見いだされ得るのであり、そしてまた感性界にだけ該当し得るのである。

(459)

しかし、次の場合には、理性がその一切の限界を超え出ることになるだろう。それは、理性が大胆にも〈純粋理性がどのようにして実践的であり得るか〉を説明しようと企てる場合である。この問いは、〈どのようにして自由が可能か〉を説明せよという課題とまったく同じだろう。

というのは、私たちは、当の法則の対象が、可能ななんらかの経験の中で与えられ得るような諸法則に帰することができるもの以外、なにも説明できないからである。他方、自由はひとつのたんなる理念であり、その客観的実在性は、いかなる仕方でも諸自然法則に従っては、それゆえまたなんらかの可能な経験の中では、明らかにされ得ない。それゆえこの理念は、それ自身に対して、なんらかの類推によってひとつの実例も示すことができないがゆえに、けっして把握されることもあるいはたんに洞察されることさえも不可能なのである。自由は、なんらかの意志を意識していると信じている存在において、詳しく言えば、たんなる欲求能力とはどうやら異なった能力（すなわち、知性として、それゆえ理性の諸法則に従って、自然の本能から独立に自分を行為へと規定する能力）を意識していると信じている存在において、もっぱら理性の必然的な前提と見なされている。しかし、さまざまな自然法則に従った規定が途絶えるところ、一切の説明もまた途絶え、そこに残るものはただ弁護だけである。言い換えれば、さまざまな物の本質をもっと深く見極めたと申し立て、それに基づいて自由をためらうことなく不可能であると説明する人々による異議を追い払うことだけである。そうした人々に対して示すことができるのは次のことだけである。それは、そうした人々が自由の中に発見したと思い誤った矛盾はまさに、その人たちは人間のさまざまな行為にかんして自然法則を妥当させるために人間を必然的に現象として観なければならなかったのだが、いまやその人たちが知性としての人間を物それ自体として考えるべきだと要求されている段になって、それでも当人たちが人間をあいかわらず現象として観ているというところに存する、ということである。その際、なるほど、一にして同一の主体において当人の原因性（すなわち、当人の意志）を感性界の一切の自然法則から切り離すことは、矛盾をひき起こすことになるだろう。もっとも、この矛盾は、もしその人々が、諸現象の背後にはきっと〈ことがらそれ自体〉（Sache an sich selbst）が（たとえ隠れているとしても）根拠として存するに相違なく、その〈ことがらそれ自体〉の作用法則については、それがそうしたことがらの諸現象を支配している作用法則と同一であるはずだと要求できないことに思いを巡らし、正当にもそれを認めようと思うなら解消するのだが。

(460)

意志の自由を説明することの主観的な不可能性は、人間がさまざまな道徳的法則に対して抱き得る関心（原注2）を見つけだし把握することの不可能性と同一なのだが、それでも人間は現実に道徳的法則に対してなんらかの関心を抱いている。私たちは、この関心の自分たちの内なる基礎を道徳的感情とよぶが、この感情がいくらかの人々によって誤って私たちの道徳的判定の尺度であると言われたことがある。これが誤りなのは、この感情はむしろ、法則が意志に対して及ぼす作用の主観的な結果と見なされねばならないからであり、意志には理性だけがさまざまな客観的諸根拠を提供するからである。

(460)

（原注2）関心とは、それによって理性が実践的になる、言い換えれば、理性が意志を規定する原因になるものである。したがって、理性的存在たるものについてだけ、それがなにか或るものに関心を抱くと言われるのであり、理性を欠いた被造物は、さまざまな感性的な誘因だけを感じる。理性が行為に対してなんらかの直接的な関心を抱くのは、その行為の格率の普遍妥当性が意志を規定するひとつの十分な根拠である場合だけである。そのような関心だけが純粋である。他方、理性が意志を、もっぱら欲求のなにか他の客体を介してのみ、あるいは主体のなんらかの個別的な感情を前提してのみ、規定することができる場合、理性は行為に対してもっぱらなんらかの間接的な関心を抱くのであり、また、理性はそれ自身だけでは意志のさまざまな客体も意志の根

拠となる個別的な感情も経験なしには見出せないのだから、この後者の関心はたんに経験的であり、純粋な理性関心ではないことになるだろう。理性が（自分の洞察を促進するために）抱く論理的関心は、けっして直接的でなく、むしろ理性使用のさまざまな意図を前提している。

理性がもっぱら〈感性的に触発された理性的存在〉に対して「べきだ〔当為〕」を指図するものを意志するためには、もちろん、義務の履行において快あるいは適意のなんらかの感情を注ぎ込む理性の能力が必要であり、それゆえ感性を自分の諸原理に適って規定する理性の原因性が必要である。しかし、たんなる思考が、それ自身なんら感性的なものを自分の中に含んでいないのに、どのようにして快や不快のなんらかの感覚を生み出すのかを洞察すること、言い換えれば、ア・プリオリに把握することは、まったく不可能である。というのは、これはひとつの個別的な原因性であり、それについて、一切の原因性と同様、私たちはまったくなにもア・プリオリに規定することができず、それゆえもっぱら経験だけに問い尋ねなければならないからである。しかし、経験というものは、原因の結果に対する関係を、経験の二つの対象のあいだ以外では提供できないのに、他方、純粋理性が、ここではたんなる理念（理念は経験のための対象をまったく差し出さない）を介して、或る結果——これはもちろん経験の中にある——の原因であるはずなので、どのようにして（wie）、そしてなぜ（warum）、格率が法則としてもつ普遍性が、それゆえ道徳性が、私たちの関心をひくのかを説明することは、私たち人間にとってはまったく不可能なのである。確実なのは次のことまでしかない。それは、法則が私たちにとって妥当性をもつのは、法則が関心をひくからではなく

（というのは、これでは他律であり、実践的理性の感性への依存であり、つまり、根拠として存するなんらかの感情への依存であり、これでは実践的理性はけっして道徳的に立法的であり得ないだろうから）、そうではなく、法則が関心をひくのは、それが、知性としての私たちの意志に、それゆえ私たち固有の自己に発しているがゆえに、人間としての私たちに妥当するからだ、ということである。つまり、およそたんなる現象に属すようなものが、理性によって必然的に〈ことがらそれ自体〉の性状に服従させられるのである。

こうしてみると、〈なんらかの定言的命法がどのようにして可能なのか〉という問いに対しては、なるほど、定言的命法がその下でのみ可能になる唯一の前提、すなわち〈自由という理念〉が申し立てられ得る限りにおいて、同様にまた、そうした前提の必然性が洞察され得る限りにおいて、答えることができることになる。理性の実践的使用のためには、詳しく言えば、このような命法の妥当性についてそれゆえまた道徳的法則の妥当性について確信するためには、これで十分である。しかし、〈このような前提そのものがどのようにして可能なのか〉はけっして人間理性によって洞察され得ない。それでも、なんらかの知性の意志の自由を前提するなら、その意志の自律が、意志がその下でのみ規定され得る形式的な条件であることが必然的に帰結する。しかも、意志のこのような自由を前提することは、（感性界のさまざまな現象の結合における自然必然性の原理と矛盾することなしに）まったく十分に可能である（思弁的哲学が示すことができるとおり）のみならず、それを実践的に、すなわち理念において当人が任意に行う一切の行為の条件として据えることは、理性による自分の原因性を、それゆえなんらかの意志（これは欲望とは異なる）を、意識している理性的存在にとって、さらなる条件なしで必然的でもある。さてそれにしても、どのようにして純粋理性が他のさまざまな動機――これはふだんはどこからか手に入れられることになるだろう――なしで、それだけで実践的であり得るだろうか、言い換えるなら、どのようにして、理性のすべての格率が法則として普遍妥当性をもつというたんなる原理（これがもちろんなんらかの純粋実践理性の形式となるだろう）が、ひとがおそらく前もってなんらかの関心を抱いているだろう意志の一切の質料（対象）なしで、それだけでなんらかの動機を提供でき、純粋に道徳的とよばれるような関心をひき起こすことができるだろうか、別言するなら、〈純粋理性がどのようにして実践的であり得るか〉、これを説明することはすべての人間理性にとってまったく不可能であり、またその説明を試みる一切の労苦は徒労に終わることになる。

これではまるで、あたかも私が〈なんらかの意志の原因性としての自由そのものがどのようにして可能か〉について、その〔可能性の〕根拠を極めようと試みたかのような場合と同断である。というのは、そこで私は哲学的な説明根拠を放棄していて、しかも他のどんな説明根拠ももっていないからである。さて、なるほど私は自分になお残されている可想界の中を、つまり知性たちの世界の中を、浮かれて歩き回ることはできるだろう。しかし、たとえ私が可想界について十分な根拠のある理念をもっているとしても、それでも私は可想界の知識をいささかももっておらず、またおよそそうした知識には、私の自然本性上の理性能力でどんなに努力してみてもけっして到達できない。可想界が意味しているのは、私が感性界に属しているものすべてを私の意志のさまざまな規定根拠から締め出した後に残っている、なにか或るものにすぎない。この締め出しは、もっぱら感性の領野に基づくさまざまな動因の原理を制限するために行われる。それは、私が感性の領野を限定し、その領野がそのうちにすべてをひっくるめて収容しているのではなく、その領野の外になおそれ以上ものがあることを示すことで行われるのだが、このそれ以上ものを私はもはやなにも知らないのである。このような理想を考える純粋理性から一切の質料を、換言すれば客体の認識を分離させた後には、私には形式しか残っていない。すなわち、諸格率の普遍妥当性という実践的法則と、その法則に適って、なんらかの純粋な悟性界への関係において理性を可能な作用因であると、すなわち意志を規定する原因であると考えることしか残っていない。ここでは動機がまったく欠けているのでなければならない。むしろ、なんらかの可想界というこのような理念がそれ自身、動機でなければならないだろう、あるいは、理性がそれに対して根源的になんらかの関心を抱くようなものでなければならないだろう。もっとも、このことを理解することは、まさに私たちが解決することのできない課題なのである。

ここにこそすべての道徳的探究の最上の限界がある。[184] しかし、このような限界を規定することは、もうそれだけでたいへんな重要性をもっている。その理由は、〔この限界規定によって〕一方で、理性があちこち感性界の中で、道徳を毀損するような仕方で、最上の動因やなんらかの把握はできるものの経験的である関心を探し回らないようにするためであり、他方では、理性が、可想界の名のもとに、自分にとって空虚な、超越的[185]概念の空間の中で力なく自分の翼をはばたかせて、少しも前に進んでいないのにさまざまな妄想の下で我を忘れることのないようにするためである。それにしても、なんらかの純粋な悟性界という理念は依然として、それに理性的存在としての私たち自身

（463）

（たとえ他面では同時に感性界の成員であるとしても）が属す、すべての知性たちの全体という理念としては、なおなんらかの理性的信仰のために有用で許容されたひとつ理念のままである。たとえ、一切の知がこの理念という限界において終わるとしても、この理念は、私たちがあたかも自然の諸法則であるかのような自由の諸格率に従って慎重に振舞うときのみ成員として属すことができる、目的それ自体（理性的存在）たちのひとつの普遍的な国というすばらしい理想によって、道徳的法則への生き生きした関心を私たちの中にひき起こすのである。

結びの注[186]

理性の思弁的使用は、自然にかんして、世界のなんらかの最上原因の絶対的必然性へと導き、理性の実践的使用もまた、自由にかんして、絶対的必然性へと導くが、これはもっぱら、理性的存在

（184）ここで指摘される「すべての道徳的探究の最上の限界」は、表題として掲げられた「すべての実践的哲学の極限的な限界について」に対応するものである。ここでカントは、みずからが遂行した実践的哲学の限界を謙虚に提示しているのではなく、自分と異なるいかなる実践哲学の探究も同様にこの「限界」をもつことを指摘しているのである（Klemme, S. 221）。

（185）カントがここで用いる「超越的（transzendent）」という形容詞は「経験的」の対義語であり、可能な経験の範囲を超えた独断論的な理性使用に対する批判的視座から用いられる用語である。

（186）この「結びの注（Schlußanmerkung）」は、第三章末の一節として同章に含まれる。

たるものがまさにそれとして行うさまざまな行為の諸法則の絶対的必然性である。さて、私たちの理性の一切の使用におけるひとつの本質的な原理は、理性の認識をその必然性の意識にまで駆り立てることである（というのは、この必然性を欠くならそれは理性の認識ではないことになるだろうから）。他方、次のこともまた、まさに同一の理性の同じく本質的な制限である。それは、理性が〈なにが現に存在するか〉や〈なにが生起するか〉また〈なにが生起すべきか〉についてその必然性を洞察できるのは、〈それが存在する〉、〈それが生起する〉、〈それが生起すべきである〉ことの条件が根拠とされている場合に限られる、という制限である。しかし、このような仕方では、条件を絶えず問い尋ねることによって、理性の満足はつねに先延ばしされることにしかならない。だからこそ理性は無条件的なものを休むことなく探し求めて、それを自分で理解する手段もないまま、それを想定するように強要されている自分を見いだすこととなるのだが、理性がこのような前提と折り合う概念を見つけ出すことができさえすれば、それで十分に上首尾なのである。それゆえ、私たちの行った道徳性の最上原理の演繹が、なんらかの無条件的な実践的法則（これは定言的命法でなければならない）をその絶対的必然性という点で理解できるようにできていないということは、私たちが行った件の演繹に対する叱責ではなく、人間理性一般に対してなされねばならないはずの非難なのである。というのは、あの演繹がこのこと（なんらかの無条件的な実践的法則をその絶対的必然性という点で理解できるようにすること）を、なんらかの条件によって、すなわち根拠として存しているなんらかの関心を介して行おうとしないことが、あの演繹を疑わしいものにすることはあり得ないからである。なぜなら、そのようなことをすればその法則は、いかなる道徳的法則でも、言い換えれば、自由の最上の法則でもなくなるだろうからである。またこのような次第であるから、私たちは、なるほど道徳的命法の実践的で無条件的な必然性を把握することはないものの、それでも道徳的命法の把握不可能性は把握する。これこそ、さまざまな原理において人間理性の限界にまで努力する哲学によって、正当にも要求され得るすべてなのである。

付録

啓蒙とはなにか

凡例

一　ここに全文を訳出するのは、カントの論文「啓蒙とはなにか、この問いへの回答」（Beantwortung der Frage: Was ist Aufklärung?）である。

一　訳出に当たっては、次のものを底本として使用した。Wilhelm Weischedel（Hrsg.), *Immanuel Kant, Schriften zur Anthropologie, Geschichtsphilosophie, Politik und Pädagogik 1*, Werkausgabe Band XI, Suhrkamp Taschenbuch Verlag, Frankfurt 1977.

一　（　）は、原語（ドイツ語、ラテン語）を添える場合を除いて、カント自身による原文中の補足である。

一　〔　〕は、原文の流れを明らかにするために訳者が補った部分である。

一　原文におけるさまざまな強調は、一括して傍点で表現した。

一　原文にないダッシュ（——）を、文脈を明確にするために挿入した場合がある。その場合、特に断りを入れていない。

一　ドイツ語の文法構造からは明確に見て取れるが、日本語では見えにくくなる意味のまとまりを〈　〉で括って表現した場合がある。

一　訳注で、カントの他の著作を参照する場合、アカデミー版全集の巻数（ローマ数字）とページ数で参照箇所を指示する。

一　注はすべて訳注である。

啓蒙とはなにか、この問いへの回答（一七八三年一二月五日、五一六頁）(1)

啓蒙とは、人間が自分自身に責任のある未成年状態から立ち去ることである。未成年状態とは、自分の悟性(2)を他人の指導なしに使用する能力がないことである。このような未成年状態が自分自身に責任があるのは、この未成年状態の原因が悟性の欠如にではなく、自分のもの〔自分の悟性〕を他人の指導なしで使用する決心と勇気の欠如にある場合である。かくして、あえて賢くあれ！

（1）この日付と『ベルリン月報』の頁付は、カントの論文が発表された日付・頁ではない。これは、カントがこの論文を執筆するきっかけとなったツェルナーの論文が発表された日付と、その論文において「啓蒙とはなにか。この問いは、真理とはなにかという問いとほとんど同じくらい重要なのだから、ひとが啓蒙を始める前にしっかり回答されるべきだろう」と記されている箇所を指している。

（2）ここで「理性」にではなく「悟性」が言及される理由が、当時のドイツの言語使用の習慣に求められることがあるが、その当否が検討されねばならない。すなわち、カントが習慣に従っただけなのか、それとも彼自身の意図が込められているかどうかが問題である。

(sapere aude!)[3]、すなわち、君自身の悟性を使用する勇気をもて！　これが啓蒙のモットーである。

なぜこんなにも大部分の人間たちが、自然によって他者の指導から久しく放免された後でも（つまり、自然的な成年状態 naturaliter maiorennes[4] になっても）、それでも生涯ずっと好んで未成年状態に留まるのか、また、なぜそうした人間たちの後見人であることと気取ることが、他人たちにとってこうも容易になるのか。その原因は怠惰と怯懦にある。未成年状態に留まることはとても安楽である。もし私に代わって悟性をもっている本、私に代わって良心をもっている牧師、私に代わって食養生を判定してくれる医師、等々、これらを私がもっているとしたら、実際、私は自分で努力する必要がない。私は、お金を払うことができさえすれば、考える必要がない。他の人々がきっと私に代わってやっかいな仕事を引き受けてくれるだろう。人間たちのはるかに多くの部分（その下には女性全体も入る）が成年状態への歩みを、それが面倒なことだということに加えて、たいへん危険なことであると見なしてきたが、これはきっと、そうした人間たちの指導管理をご親切にも引き受けてきたあの後見人たちの仕業である。あの後見人たちは、あらかじめ自分の家畜を愚かにし、その物静かな被造物たち〔家畜と位置づけられた人々、すなわち後見の対象となる人々〕を歩行練習器具に押し込めて、あえてそこから一歩でも出るようなことをしてはならないと念入りに釘を刺した後で、その後もし被造物たちが一人で歩こうなどとするなら、当の被造物たちを脅かすことになる危険を示してみせるのである。さて、こうした危険はなるほど実際のところたいして大きくはない。というのは、被造物たちも数回転ぶことできっと最後には歩くことを学ぶからである。しかし、それでもこんなふうに示された見本は[5]、〔被造物たちを〕身震いさせ、またひるませて、〔被造物たちは」たいがいそれ以上なにもやってみようとしなくなる。

したがって、それぞれの個人にとって、自分にとってほとんど自然なことにされてしまった未成年状態を脱却することは困難である。そのうえ、そうした個人は好んで未成年状態を身にひきうけるようになったのであり、自分自身の悟性を使用するのは差し当たり不可能だというのが現実である。なぜなら、そうした個人は自分の悟性を使用するように試みさせられたことがないからである。さまざまな教義だの儀礼だのというものは[6]、人間が自然に与えられているものを理性的に使用する、あるいはむしろ誤用するための機械的な道具であり、常となってしまっている未成年状態の足枷である。誰かがこのような足枷を脱ぎ捨てたとしても、それでもその人は、とても細い溝さえ頼りなげにしか飛び越さないことだろう。なぜなら、その人はこうした自由な動きに慣れていないからで

---

(3) これはホラティウスの言葉であり、一七三六年には「真理の友の会」のモットーとされていた。小倉志祥による訳注を参照せよ。『カント全集』第一三巻、理想社、一九九八年、四七一頁以下。

(4) naturaliter maiorennes という表現は、古典ラテン語には見られない。

(5) 「こんなふうに示された見本」と訳した ein Beispiel von der Art は「この種の例」と訳すこともできる。しかし、ここまでの文脈には「例」が示されていない。そこで、一人歩きすることで危険な目に遭うことを、望ましくない行為の「見本」と解した。

(6) ここでは「教義（Satzung）」と「儀礼（Formel）」と訳したが、これは、この論文が宗教のことがらを念頭に書かれていることを踏まえてのことである。この箇所をより広く「さまざまな決まりがごとだの決まり文句だのというものは」と訳すことも一案である。

ある。それゆえ、自分の精神を自分で改めることによって自分を未成年状態から解き放ち、かつそれでも確実に歩むことに成功した人はほんとうにわずかしかいない。

しかし、公衆が自分自身を啓蒙することは、より容易に可能である。実際それは、公衆に自由が委ねられさえすれば、ほとんど必至のことである。というのは、公衆には自分で考える人が幾人か[7]はいつでもいるだろうし、大衆の後見人の地位にある人々の中にすら、そうした人が幾人かはいるだろうからである。そうした自分で考える人々は、未成年状態のくびきを自分で脱した後、自分自身がもっている価値や自分で考えるという人間各人の使命を理性的に評価する精神を、自分のまわりに広めるだろう。この際、次のような特異なことがある。それは、以前は後見人たちによってこのようなくびきに支配されていた公衆が、その後見人たる人のうちに何人かはいる一切の啓蒙に資するところのない人々によって、くびきの下に留まるようにそそのかされてきた場合[8]、後になって後見人たちの方をくびきの下に留まるように強いさえするということである。偏見を植え付けるのは、かくも有害である。なぜなら偏見は、最後には、まさに自身を生み出してきた人々あるいはその先人だった人々に仕返しをするからである。したがって、公衆は徐々に啓蒙に到達できるにすぎない。なんらかの革命（Revolution）によるのでは、もしかすると一個人による専制や私欲にかられ権力欲にまみれた圧迫からの離反なら、しっかり実現するだろうが、考え方の真の改革（Reform）はけっして実現しないだろう。むしろ、〔革命によるのでは〕新たな偏見が、古い偏見とまったく同様に、思想をもたない大衆の習歩紐[9]に用いられることになるだろう。

しかし、このような啓蒙のためには、自由以外のなにものも必要ない。それも、およそ自由と言われるかもしれない限りのすべての自由の中で最も無害な自由、すなわち、自分の理性をあらゆる点で公的に使用する自由である。(10) さて、それでも私は四方八方から「屁理屈をこねるな」と大声で言われるのを耳にする。将校は「屁理屈をこねないで訓練せよ」と言い、徴税吏は「屁理屈をこねないで支払え」と、聖職者は「屁理屈をこねないで信じなさい」と言う。（世界でたった一人の君主(11)だけは言う。「君たちが好きなだけ、そして君たちが好きなことについて、理屈をこねよ。(12) しかし、服従

（7） ここで言及される「自由」は、「言論の自由」と表現される類の自由である。『純粋理性批判』超越論的弁証論で中心的に論じられるような「超越論的自由」ではない。

（8） ここで「くびきの下に留まるようにそそのかされてきた場合」と訳出した dazu aufgewiegelt worden における dazu を「啓蒙へと」と解し、「啓蒙へとけしかけてきた場合」と訳す可能性もある。邦訳には後者を採用しているものもある。

（9） 「習歩紐」は、よちよち歩きをする幼児の歩行を背後から支え保護する紐である。カントの時代の西洋絵画にはそれが描かれているものがある。カントにとっては、先に言及された「歩行練習器具」と同様な位置づけをもつものである。

（10） ここで「公開的（öffentlich）」と訳した単語は、「公的」あるいは「公共的」と訳されることが多い。しかし、「公的」や「公共的」という表現は、そうした空間・領域の存在が既存のものとして前提されているという印象を与える。実際、カント自身もこの直後に出てくる「読者界」を想定している。しかし、むしろ理性的思考を公開するところに、理性の私的ならざる使用の空間・領域が開くと考え、「公開的」とする。

（11） この「世界でたった一人の君主」がフリードリヒ二世（大王）を指すことは、カントが後述する内容から分かる。

せよ」と。）このような場合、いたるところに自由の制限がある。さて、どのような制限が啓蒙を妨げるのだろうか、どのような制限は、妨げないのみならず、むしろ啓蒙をおそらく促進するだろうか。——私の答えはこうである。人間の理性の公開的使用はいつでも自由でなければならない。そして、この公開的使用だけが人間のもとに啓蒙を実現させることができる。他方、人間の理性の私的な使用はかなりしばしばたいへん狭く限定されてよい。もっとも、それによって啓蒙の進歩がはなはだしく妨げられることはない〔ような仕方で〕[13]、と。さて、私が言うところの人間自身の理性の公開的使用とは、誰かある人が、**学識者として**[14]、読者界[15]の公衆全体の前で自分の理性を使用することである。私的使用と私が呼ぶのは、誰かある人が自分に委ねられたなんらかの市民的な職務や役職の中で自分の理性を使用してよいとされるような〔理性の〕使用である。さて、共同体の利害関心に帰着するさまざまな仕事のためには、なんらかの機構（メカニズム）が必要であり、共同体でひとつにまとまっている成員たちは、その機構を用いてもっぱら受動的に振舞わねばならない。そうすることで成員たちは、統治機関によって造り出された全員一致をもって、公開的な諸目的を目指すようになるし、あるいは少なくともそうした諸目的を破壊することがないようになる。したがって、このような理性の私的使用において屁理屈をこねることが許されていないことはもちろんであり、むしろひとは服従しなければならないのである。しかし、このような機関の部分をなす人が、同時に自分を一つの共同体全体の成員であると、しかもその上、世界市民社会の成員であると見なす限り、したがって、著作物を介して本来の意味での公衆の意見を求めるような学識者[16]の質においては、その人はむろん理屈をこねることができるし、それによって、当人が部分的には受動的な成員として配置されている仕事が損なわれることはない。すると、次の場合はたいへん有害であることになろう。それは、自分の上官からなにごとかを任される将校が、任務中に、その命令の合目的性や有効性についてあからさまに理屈をこねようとする場合、である。この将校は服従しなくてはならない。しかし、当人が、学識者として軍務における誤りについてコメントすること、そしてそのコメントを当人にとっての公衆に披露して判定してもらおうとすることが、正当な仕方で妨げられることなどあり得ない。市民は、自分に課せられた税金の支払いを拒むことはできない。さらに言えば、そのような課税について、自分がそれを支払わねばならない段になると、出張ってそれを非難することは、（普遍的な反抗の契機となり得るかもしれない）スキャンダルとして罰せられ得

（12）将校、徴税吏、聖職者にとって「屁理屈をこねる（räsonnieren）」ことが、ここでは肯定的に命じられる。この場合、同じ単語が「理性的に論じる」という意味に、すなわち「理屈をこねる」という意味に転じる。
（13）ここに〔ような仕方で〕と付け加えたのは、理性の私的な使用が完璧に制限されていても啓蒙の進歩には影響がないとカントが考えているわけではないという想定に基づいている。
（14）ここで「学識者（Gelehrte）」とはどのような人であるかをカントは明示していない。しかし、今日の「学者」のような大学等における研究者に限定されていないことは確かである。
（15）ここで「読者界（Leserwelt）」という世界が設定されることは、カントの啓蒙が活字文化との関係の中で考えられていることを示唆している。
（16）ここで「部分的には（zum Teile）」とは、「機関における仕事の部分として」という意味ではなく、当人の全体にとっては「受動的な成員」であることは部分的なことに過ぎないという意味であると解する。

る。それにもかかわらず、まさにこの同じ市民が、学識者として、そのような課税通知書の不適切さに抗してあるいは不正義にも抗して、公開的に自分の考えを表明する場合、その人は一市民としての義務に違反していない。まったく同様に、聖職者たる者は、教理問答を受ける自分の生徒たちや自分の教区の人々に対して、自分が仕えている教会の信条書に従って説教をする責務を負っている。というのは、その聖職者はそうするという条件で採用されたからである。しかし、その人は、学識者としてなら、あの信条書に含まれる不完全な部分について自分が念入りに検討し建設的に考えたすべてのこと、そして宗教活動や教会活動のあり方を改善するためのさまざまな提案を、公衆に伝える完全な自由をもっているのであり、いやそれどころかそうする使命をもっているのである。この場合も、良心[17]にとって重荷となるかもしれないようなものは、なにもない。というのは、当人は、自分が職務を引き受けた結果、教会の仕事を担う者として教える内容を、次のようなものと考えているからである。それについて、自分は自分の考えに従って意のままに教える自由などもっていないのであり、また、自分はそれを他人の指図に従って他人の名前で説教するように雇われているのだ、と。その聖職者は言うであろう。私たちの教会はあれこれのことを教えるが、それが教会の用いる証明根拠なのである、と。このとき、聖職者は自分の教区にとって実践的な有効性をもつもの一切をさまざまな教義から引き出すことになる。〔ただし〕その教義を当人自身は十分な確信をもって是認していないかもしれない。しかしながら、当人がそうした教義を説教することを申し出ることは可能であり――なぜなら、〔その教義に十分な確信をもてないとしても〕それでもその中に真理が隠されていることがまったく不可能ということはないからである――、それにどんな場合でも少なくともその教義の中には内的宗教[18]に矛盾するようなものはけっしてなにも見いだされないからである。というのは、もし当の聖職者がその教義の中に内的宗教に矛盾するものを見いだしたと思ったとしたら、その人は自分の職務を良心をもって司ることができないことになるだろうからである。この聖職者はその職務を放棄しなくてはならないだろう。[19] 以上のことから、ある雇われた教師〔聖職者〕が当人の会衆の面前で自分の理性を使用するのは、たんなる私的な使用である。なぜなら、このような会衆はいつでも、たとえどんなに大きかろうと、ひとつの家庭的な集まりに過ぎないからである。また、このような私的な使用を考慮に入れるなら、この教師は牧師としては自由でなく、また、自由であってもならない。なぜなら、当人は他人から委ねられたことを実行しているのだからである。これに対して、著作物を介して本来の公衆に対して、すなわち世界に対して語りかける学識者としては、したがって、聖職者が自分の理性を公開的に使用するなら、当人は

(17) ここで「良心」と表現されたものは、後で「内的宗教」とも表現される。『たんなる理性の限界内の宗教』第四篇を参照せよ。

(18) 「内的宗教」が「外的宗教」の対義語だということは明らかである。このとき、後者は宗教儀礼などを指すことになるだろう。『たんなる理性の限界内の宗教』には、「内的宗教」と「良心」とを同義語として用いている例が見られる。また、カントにとって宗教とは、「一切の義務を神の命令として認識すること」(VI 153)であるから、ここで「内的宗教に矛盾する」とは、「義務に反する」という意味を含むことになる。

(19) ここまでの行論で、理性の「私的使用」を行っている人であっても、組織におけるたんなる機械的な部品としてそれを遂行しているのではなく、良心をもってその役目を担っていることが分かる。

自分自身の理性を使用して自分自身の人格において語る無制限の自由を享受する。というのは、（宗教的なことがらにおける）民衆の後見人たち自身がまたしても未成年状態にあるべきだとしたら[20]、それはひとつのばかげた事態であり、それも、さまざまなばかげた事態の永続化という結果をもたらすようなばかげた事態である。

それにしても、聖職者たちの団体といったもの、なんらかの宗教会議、あるいは畏怖の念を抱かせるクラシス〔中会〕（オランダ人あいだで中会は自分のことをみずからそう呼んでいるように）といったものには、次のような権限が認められるはずではなかっただろうか。それは、一定の変わることのない信条書を守るようにたがいに宣誓して約束することで、まさに、そうした団体のメンバー[21]のそれぞれに対する後見監督[22]を行い、またそのメンバーを介して民衆に対する後見監督を行い、それどころかこのような後見監督を永続化させるという権限である。私は言おう。それはまったくあり得ない、と。なんらかの契約があるとして、その契約が人類のさらなる啓蒙の一切を永久に妨げるように締結されているとしたら、そうした契約はたんてきに無効であるし、また、たとえその有効性が最上の権力、帝国議会、そしてきわめて荘厳な講和条約締結によって確認されているはずのものだったとしても、そうである。ひとつの時代が盟約を結んで、次世代を次のような状態に留めようと共謀することなどできない。それは、次世代が、自分の（とりわけ実にきわめて切実な）認識を拡張し、さまざまな誤りを払拭し、そして一般に啓蒙においてさらに歩みを進めようとすることが不可能になるに相違ないような状態である。そのようなことをしたら人間本性に対する犯罪になるだろう。人間本性の根源的な使命はまさにこのような進歩〔認識の拡張、誤謬の払拭、啓蒙における前進〕に存するのだから。また、後の世代には、あの契約締結を資格もないのに犯罪的な仕方で行われたものとして拒否する完全な権限がある。ある民衆に対して法律として決定することが可能な一切のものの試金石は、次のように問うことにある。ある民衆がすすんで自分自身にそのような法律を課すことができるだろうか、と。[23] さて、このような法律はきっと、〔民衆が〕よりよい法律をいわば期待している状態においてなら、特定の短い期間では可能であろう。それによってなんらかの秩序が導入されるからである。その際、同時に、市民一人ひとりに、とりわけ聖職者に、学識者たるものの資格において公開的に、すなわち著作物によって、目下の制度の欠陥にコメントするこ

(20) ここで「またしても」と言われるのは、自分の悟性を使用しない未成年状態の人々に対して、「聖職者」は（いったん成年状態にあるように見える）後見人としてイメージされるが、その後見人たる「聖職者」自身が未成年状態である様が思い描かれているからである。
(21) ここでの「メンバー」は、民衆の一人一人ではない。「中会」を構成している「小会」のように、それ自体が一種の団体である。したがってここでは、〈中会のような団体〉―〈教会〉―〈民衆〉という段階構造が前提されている。
(22) 「後見監督（Obervormundschaft）」については、民衆に対する教会（牧師）による後見（Vormundschaft）、その教会（牧師）に対する団体による後見（Obervormundschaft）という階層性が予想される。ただし、ここでは表現上、そのような区別は行われていない。
(23) この疑問文に含まれる wohl は、問われている相手が肯定することを前提する気持ちを表現している。その点で、この問いは「その民衆は、自分自身にそのような法を課すことができるよね」とも訳すことができるかもしれない。

とが自由に認められているだろう。また、ここで導入された秩序は、〔問題になっている〕事柄の性質が公開的にたいへん深く洞察され、さらにその洞察が確証されて、その洞察が市民たちの（すべての、ではないものの）声の一致によって、ひとつの提案を〔王なり神なりの〕御前に提出できるまでになるまでは、つねに維持されているだろう。その提出は、たとえば、よりよい洞察を理解することによって宗教体制のなんらかの刷新に合意した教区民たちを擁護するために行われるが、とはいえ、その教区民が古い制度に留まろうと思っているなら、その教区民たちを妨げるものではない。しかし、けっして誰にも公開的に疑いを差し向けられることのない一つの宗教体制に、たとえ一人の人の人生の範囲内だけであったとしても、合意すること、またその合意によって改善へと向かう人類の進みゆきにおける一時期をいわば無にしてしまうこと、また実りないものにしてしまうこと、それどころかおそらくは後に続くもの者たちにとって不利な状況を作り出すことは、たんてきに許されないことである。あるひとりの人が、自分の人格にかんすることで、しかもその際、しばらくの間だけなら、自分が知る義務のあることにおいて啓蒙を先延ばしすることは、確かに可能である。しかし、啓蒙を諦めることは、それが当人の人格にかんすることであれ、後に続く者にかんすることであればなおさら、人間性の神聖な権利を毀損し蹂躙することである。しかし、ある民衆が自分自身について決定することがけっして許されないことを、ある君主が当の民衆について決定することなどなおさら許されない。というのは、君主が立法する威信はまさに、君主が民衆の全体的意志をみずからの意志の中で統一しているということに立脚しているからである。君主は、あらゆる真なる改善やそう思い込まれた改善が市民の秩序と両立するように配慮しさえすれば、それ以外のことは、自分の臣民たちがその魂の救済[24]のために行う必要があると思っていることを、臣民自身だけでさせることができる。それは君主とはなんの関わりもないことである。しかし、一方が他方を暴力的に妨げて、後者が自分の使命と〔その〕促進に全力で取り組めないようにすることがないように防止することは、まことに君主のことがらである。〔しかし、〕君主がこのような取り組みに対して、自分の臣民がその洞察を整理しようとして用いる著作物を、自分の政府によって監視すべきものと判断して口出しをするなら、君主の威厳さえも毀損することになる。これは、君主がこのことを自分の最高の洞察に基づいて行う場合——このとき君主は「皇帝は文法家の上には立てない(Caesar non est supra grammaticos)」という非難にさらされることになる——でも、さらにもっと甚だしい場合だが、君主が、その国家内の数名の専制的支配者たちによるそれ以外の自分の臣民に対する精神的圧制を援助するまでに、自分の最上権力を貶める場合でも、同様である。

さて、はたして「私たちはいまひとつの啓蒙された時代に生きているのだろうか」という問いが立てられるとしたら、その答えは「否、しかし啓蒙というひとつの時代に生きているのは確かだ」

(24) この「魂の救済」の内容は不分明である。あるいは、あえて不分明のままに記されているのかもしれない。この不分明さが解釈の広がりをもたらすからである。まず、「魂の救済」を最も狭く、信仰のことがらとして解すなら、ここでは近代社会契約論の重大テーマである政教分離が話題になっていることになる。「魂の救済」をもっとも広く、先に言及された「改善」と重ね合わせるなら、ここには君主のことがらと民衆自身のことがらが、「正」と「善」とに分けられているという事態、すなわち、君主の仕事は「正義」の実行であり、「善」における「改善」は民衆のことがらだという区別を見いだすことも可能になる。

である。人間について、いまの実情はと言えば、総じて、宗教のことがらにおいてすでに自分自身の悟性を他人の指導なしに確実にまた上等に使用する状態にあるというには、あるいはわずかながらもそうする能力が与えられている可能性があるというには、まだたいへん多くのものが欠けている。しかし、〈人間たちにはいまやそうした使用に向けて自由に自分を変えていく領野がきっと開かれること、また、普遍的な啓蒙の、言い換えれば、自分自身に責任のある未成年状態から立ち去る[25]ための、さまざまな障害が次第に減っていくこと〉、これらの判明な兆候を私たちは得ている。このような観点から、この時代は啓蒙の時代、あるいは**フリードリヒ**の世紀である。

　次のような君侯がいれば、その君侯自身は啓蒙されている。それは、宗教のことがらにおいては人々になにひとつ指図することなく、そうしたことがらは人々の完全な自由に委ねることが義務であると考え、それゆえに、寛容（Toleranz）という高慢な名称で呼ばれることさえもみずから拒絶するような君侯である。[26]そうした君侯は、少なくとも統治の側からではあるが、はじめに人類から未成年状態を払いのけ、良心のことがらである一切においては各人自身の理性を使用することを各人の自由に委ねた人として、そのことに恩義を被った現世や後世によって賞賛されるに値する。この君侯のもと、尊崇に値する聖職者たちは、自分の職務上の義務を害することなく、自分が〔職務上〕受け入れた信条書にそこここで逸脱している判断や洞察を、学識者としての資格において自由に公開的に、世界に向けて吟味されるべく提示することが許されている。もちろん、そうした聖職者のみならず、いかなる職務上の義務によっても制限されていない他の人々は誰でもそうすることが許されている。このような自由の精神は外に向かっても広がってゆく。これは、この精神が、なんらかの自分自身を誤解している統治〔政府〕による外的な障害と格闘しなくてはならないところでさえ、そうである。というのは、この精神はそれでもそのような政府に対して、自由のあるところでは当の共同体の公開的な平安や統一にはいささかの心配もいらない、という範を示すからである。人間というものは、おのずから次第次第に粗野な状態から脱するものである。人間たちをそうした状態に留めおこうと、意図的な作為が弄されないならば。

人間たちが自分自身に責任のある未成年状態から立ち去ることとしての啓蒙について、私はその主眼点をとりわけ宗教のことがらに置いてきた。なぜなら、さまざまな技巧や学問にかんしては、私たちの支配者は自分の臣民たちに対して後見人を演じようとは思わないし、そのうえまた、宗教のことがらにおける未成年状態は、最も有害なものであり、それゆえまたすべての未成年状態の中で最も不名誉なものでもあるからである。しかし、或る国家元首が宗教のことがらにおける啓蒙を促進するなら、そうした国家元首の考え方はさらに先へと進んで、次のような洞察を得る。それは、

---

(25) カントはここで、この論文冒頭に掲げられた啓蒙の定義を反復している。しかし、「自分自身」と呼ばれる対象が複数形になっている。これは二つ先の段落における言及でも同じである。この観点から、本論文冒頭の定義が単数形の「自分自身」について書かれていることが、それに続いて、「理性」ではなく「悟性」に着目されることと関係していると予想することができるだろう。

(26) ここでカントが「義務」と「寛容」とを対比し、後者を「高慢な名称」と評していることは注目に値する。宗教のことがらにおいて完全に自由であることは各人の権利であるから、君主がその権利を擁護することは「義務」であり、「寛容」と表現されるべきことではない。

自国の立法にかんしてさえ自分の臣民たちに、当人たち自身の理性を公的に使用し、それをよりよく起草するための当人たちの考えを、世界に向けて公開的に発表することを許すのには、それがすでに与えられているものに対して遠慮のない批判を伴っていてさえ、なんの危険もない、という洞察である。このことについて私たちはひとつの輝かしい実例をもっている。この実例によれば、私たちが尊崇している君主より優れた君主は、いまだ現れていない。

しかしまた、当人自身がすでに啓蒙されていて、影におびえることもないが、公的な平安を保障するためにしっかり訓練された数多くの軍隊をもっている者だけが――共和国であればあえて言う必要のないことだが、次のように語ることができる。「君たちが好きなだけ、そして君たちが好きなことについて、理屈をこねよ。ただし、服従せよ」と。するとここに、人間にかかわる諸々のことがらの奇妙で予期せぬ進み行きが姿を現す。他の場合でも同様だが、この進み行きを巨視的に見るなら、そこに現れるほとんどすべてのことは逆説的である。市民的自由の程度がより高ければ、それは民衆の精神の自由にとって有益であるように見えるものの、前者の自由の高さは後者の自由に踏み越えてはならない制限を課すことになる。反対に、市民的自由の程度が低ければ、それは民衆の精神に、次第にその能力を広げていく余地をもたらす。このとき自然が、このような硬い総苞《そうほう》のもとでたいへん優しく面倒をみてきた萌芽を、すなわち、自由に考えることへの性癖と使命を解き放つなら、この萌芽が次第に民衆の感じ方に反作用をひき起こし（これによって民衆は行為する自由を次第にますます自分のものにする）、そして最後にはまた統治〔政府〕の諸原則にさえも作用し、政府は、いまや、機械以上の存在である人間を、その尊厳に適って扱うことが、政府自身のためになることに気づくのである〔原注1〕。

プロイセン王国、ケーニヒスベルク、一七八四年九月三〇日

I・カント

〔原注1〕九月一三日付の『ビュッシング週報』で、私は本日、すなわち九月三〇日、今月号の『ベルリン月報』の広告を読みました。その広告には、メンデルスゾーン氏によるまさに同じ問いへの回答が挙げられています。私はそれをまだ入手しておりません。もし入手していたなら、メンデルスゾーン氏の回答がお手元のこの回答〔の掲載〕を差し控えさせたことでしょう。いまやこの回答は、偶然がどれほどまで思想の一致を成し遂げ得るかを試すためだけに、ここに掲載されてもよいかもしれません。

解説

1　書名について

本書はカントの『道徳形而上学の基礎づけ（*Grundlegung zur Metaphysik der Sitten*, 1785）』の全訳である。さっそく、この表題の翻訳について説明しなくてはならない。というのは、本書にはこれまで『道徳形而上学の基礎づけ』の他に、『道徳形而上学の基礎』（豊川昇）、『道徳形而上学原論』（篠田英雄）、『人倫の形而上学の基礎づけ』（深作守文、野田又夫、平田俊博）、『倫理の形而上学の基礎づけ』（熊野純彦）などの邦題が与えられてきたからである。ここで重要なのは、複数形のSittenを「道徳」と訳すか「人倫」等と訳すかである。これは、すべての英訳書がそれをMoralと訳していることと対照的な事態である。

本書はSittenを「道徳」と訳した。SittenとMoralとが同義であるとすれば、ここには問題がないが、ことがらはそう容易ではない。カントはMoralを学問として捉えている。たとえば、本書（本書九頁、388）では「合理的な倫理学」を「道徳学」と呼び、後年の『道徳形而上学』（一七九七年）では、「もろもろの義務一般のひとつの体系」を「道徳学」と位置づけている（VI 242）。後者も体系性に言及している点で、学問としての位置づけを示している。そこで本訳書では、Moralを「道徳学」と訳出した。

他方、カントは『道徳形而上学』でSittenというドイツ語に簡単な説明を加えている。まず彼は、Sittenを複数形のままラテン語のmoresと並置し、その意味について「礼儀作法や行状（Manieren und Lebensart）を意味するにすぎない」（VI 216）としている。したがって、彼は、Sittenを学問以前の人間の具体的な振舞いを表現するものと解していると言える。その上で、Sittenを経験に依存しない原理に基づいて体系化したものがMetaphysik der Sitten（道徳の形而上学）なのである。なお、このような体系の中に取り込まれたSittenは、当の体系に原理を提供する理性の観点から捉え直されることになる。そこで、たとえば、講義録『ヴィギランティウス道徳形而上学』で、「理性の諸法則に従った自由の使用がSittenと呼ばれる」（XXVII 480）と記されることになるのである。

さらに、次のことは、カントがこの表題を意図的に採用したことの傍証となる。本訳書の底本としたPhB版の編者（Bernd KraftとDieter Schönecker）によれば、カントを取り巻く学者たちの言葉づかいにはMoralを表題に用いたものが見られる。たとえば、ハーマン（Johann Georg Hamann, 1730-1788）のヘルダー（Johann Gottfried von Herder, 1744-1803）宛書簡にはカントが取り組んでいる著作名として、“Moral der gesunden Vernunft”（一七六八年六月二六日）や“Moral der reinen

Vernunft"（一七七九年五月一七日）という表現が用いられている（PhB版、Einleitung VII）。さらには、本書でも言及されるズルツァーが、カント宛書簡で"Metaphysik der Moral"（一七七〇年一二月八日）という表現を用いている。カントはこれらの言葉づかいの中にあって[1]、表題にMoralではなくSittenを用いたのである。なお、カントは、Metaphysik der Sittenの構想を書簡で表現するようになって以来、一貫してこの表現を用いている。たとえば、ヘルダー宛書簡（一七六八年五月九日）、ランベルト宛書簡（一七七〇年九月二日）、ヘルツ宛書簡（一七七三年末）である。

以上のように見てくると、SittenとMoralとは明確に異なる概念であるがゆえに、Moralを想起させる「道徳」という訳語をSittenの訳語として用いることは不適切であるように思われる。そこで、Sittenに「道徳」という訳語を当てない場合、「人倫」や「倫理」という訳語を用いることになる。しかし、第一に、「人倫」は、限定された倫理学研究の領域で用いられる概念であり、一般的な表現ではない。その点で、人間の前学問的な振舞いを表現するSittenの訳語として適切とは言えない。第二に、「倫理」は、学問としての倫理学との対比において、前学問的な対象を指示

（1）形而上学（Metaphysik）が「メタ‐自然学（Meta-Physik）」として自然学に対するものであることを踏まえるなら、「自然の形而上学」という表現にとりあえず奇異な点はないが、「道徳の形而上学」という表現はいささか奇妙に見える。しかし、カントの同時代、この表現が多く用いられていたことをシュヴァイガーが報告している。Clemens Schwaiger (1999), *Kategorische und andere Imperative: Zur Entwicklung von Kants praktischer Philosophie bis 1785*, frommann-holzboog, Stuttgart-Bad Cannstatt, S. 76.

する概念として好都合ではあるが、（『基礎づけ』の時代から下って）後年の『道徳形而上学』ではSittenが「倫理」とならんで「法」を含むようになるがゆえに、「倫理」という訳語ではSittenの全体に届かないという問題が残る。

そこで、あえて本訳書ではSittenに「道徳」という訳語を当てる。その理由の第一は、カントがSittlichkeitとMoralitätとを同義のものとして扱うところに存する。たとえば、『道徳形而上学』には“Moralität (Sittlichkeit)” (VI 219) や“Sittlichkeit (moralitas)” (VI 225) という表現が見られる。Moralitätは一般に「道徳性」と訳される単語であるが、それとSittlichkeitが同義であるなら、後者が前提しているSittenに「道徳」を読み込むことも許されるのではないだろうか。第二に、日本語では「道徳」という表現が、「道徳学」に通じるような学問的な意味ではなく、人間の振舞いにかかわる規範の総体を表現しているからである。そうした規範の総体は記述の対象であり、哲学的に根拠づけが行われる以前のものである。その点で、日本語の「道徳」はSittenの訳語として適切なのである。

以上の諸点を踏まえて、『道徳形而上学の基礎づけ』という表題の意味するところをまとめておこう。この表題には「道徳」と「形而上学」と「基礎づけ」という三段階が含まれている。第一の「道徳」は、人間社会に文化として生成消滅する規範の総体である。第二に、「形而上学」は、ア・プリオリな原理、言い換えれば経験に依存することのない原理、に基づいた学問的体系である。「道徳（の）形而上学」は「自然の形而上学」と並ぶ、そうした学問的体系である。第三の「基礎づけ」は、そうした「道徳（の）形而上学」を基礎づける営みである。そのために行われるのが

「道徳性の最上原理の探究と確定」（本書一八頁、392）である。これは「批判」の営みとは異なる。「批判」もまた形而上学を基礎づけるものだが、それは「純粋理性」、「実践理性」、「判断力」のような能力に対する能力批判（当該の能力にできることとできないこととを分ける）の意味をもっているのに対し、本書はそうした能力批判ではないがゆえに、「基礎づけ」という表現が採用されている。

2 『道徳形而上学の基礎づけ』の成立について

カント哲学は『純粋理性批判』初版刊行（一七八一年）を画期として、前批判期と批判期とに分けられることがある。本書『道徳形而上学の基礎づけ』（以下、『基礎づけ』と略す）は、一七八五年に公刊されたカントの最初の道徳哲学の書物である。（ただし、著作としては前年に脱稿している。）しかし、前節でも示唆しておいたように、「道徳（の）形而上学」という学問的企図は、前批判期から継続的に温められていた。さらに、カント哲学を『判断力批判』刊行（一七九〇年）を画期として、理性批判の営みと理説的営みとに区別することもできる。この理説的営みの時期には一七九七年に『道徳形而上学』が刊行されている。このように、「道徳（の）形而上学」を完成させるという学問的企図は、カントの生涯の長い期間を貫くものである。

では、『純粋理性批判』初版の刊行後、どのようにこの『基礎づけ』が執筆されたのだろうか。その事情を示唆している文章がある。これは、カントが『プロレゴーメナ』（一七八三年）の準備原稿として記したものである。いささか長くなるが引用してみたい。

もうずっと前にモラリストたちが洞察したことだが、幸福という原理は、決して純粋道徳というものを与えず、自分の利益に精通している処世訓を与えるにすぎない。この処世訓にあっては、すべての命法は条件づけられているのであって、いずれかの――傾向かすべての傾向の総和がそれへの到達を課する――目的のための手段以外の何ものをも命令しない、ということ。しかし、道徳的命令は無条件的でなければならない、ということ。例えば、君は嘘をつくべきではない（たとえ嘘をつくことが君に何ひとつ不利益をもたらさないとしても。）

ところで、問題は、いかにして定言的命法は可能であるか、である。この課題を解決する者は、道徳の真正な原理を見いだしたのである。評者は、推測するに、超越論哲学の重要な問題――これは道徳の右の問題と、ある目立った類似性をもっている――に敢えてぶつかっていかないのと同様に、敢えてこの課題にぶつかっていかないだろう。私は〔この課題の〕解決を近いうちに明示するつもりである。しかし、人はここで、観念論と諸々のカテゴリーとを気遣うにはおよばない。（久呉高之訳「プロレゴーメナ準備原稿」、『カント全集』6、岩波書店、二〇〇六年、三八四頁以下）

『純粋理性批判』では、「道徳の形而上学」が「自然の形而上学」と並んで言及されるが、そこには「道徳の形而上学はほんらい純粋道徳（学）である」（A841/B869）という表現が見られる。この表現から、この引用の第一段落に見られる「純粋道徳」は「道徳の形而上学」のことだということが分かる。さらには、この引用文では「嘘をつくべきではない」という道徳的命令が例示されるが、これは『基礎づけ』の序文における記述（本書一一頁、389）に対応している。また、第二段落で提示される問い、「いかにして定言的命法は可能であるか」は同書第三章で掲げられる。これらの点から、この原稿を書いているカントは、すでになんらかの「道徳の形而上学」に取り組んでおり、その中で『基礎づけ』に関係する課題を意識していたことが分かる。実際、ハーマンがハルトクノッホ（Johann Friedrich Hartknoch, 1740-1789）宛の書簡（一七八二年一月一一日）で、カントが「道徳の形而上学」に取り組んでいるという報告を記している。(2)

次に、第二段落で言及される「評者」だが、この原稿が『プロレゴーメナ』の準備原稿であることから、これが一七八二年一月の『ゲッティンゲン学報』付録に掲載された『純粋理性批判』書評の匿名の評者であることが分かる。『プロレゴーメナ』の執筆動機が、部分的には、この書評に表現された『純粋理性批判』への無理解に対する憤慨だからである。さて、当該の書評には、「なかんずく悟性の真正な使用は、法的な振舞いのもっとも普遍的な概念、道徳的な自然本性の原則、し

(2) PhB版の緒論（VIII）参照。以下、この解説ではPhB版の緒論を参考にする。また、バウムの次の論文も参考になる。Manfred Baum (2020), Kant und Ciceros *De officiis*, in: Hüning, D. (Hrsg.), *Manfred Baum Kleine Schriften 2, Arbeiten zur praktischen Philosophie Kants*, Walter de Gruyter, Berlin/Boston. ただし、この準備原稿で言及される「道徳の形而上学」が『基礎づけ』と同一であるかどうかは不明である。

たがって、幸福の促進に対応しなければならない」[3]という表現が見られる。おそらくはこうした箇所を念頭にカントは、「超越論哲学の重要な問題」には「いかにして定言的命法は可能であるか」という道徳（学）の問題と際立った類似性があるにもかかわらず、評者はそれにぶつかっていこうとしない、と指摘する。このとき、超越論哲学と道徳（学）とが抱える類似の問題とは、『純粋理性批判』を貫く最重要の問いである「どのようにしてア・プリオリな総合的判断は可能か」であろう。道徳（学）は、どのようにしてア・プリオリな総合的判断（命題）としての定言的命法が可能か、という問いに取り組まなくてはならないのである。〈どのようにして定言的命法は可能か〉という問いは、定言的命法が〈どのようにしてア・プリオリな総合的判断〉として可能かという問いであることとは、『基礎づけ』第三章の重要なテーマである。

さて、件の書評は、ガルヴェ（Christian Garve, 1742-1798）の原稿を基に、フェーダー（Johann Georg Heinrich Feder, 1740-1821）が執筆したものであることが、ガルヴェ自身のカント宛書簡（一七八三年七月一三日）で明らかにされる。これはカントが『プロレゴーメナ』の中で、評者に名乗り出るように求めたことに応じたものである（IV 379）。この一七八三年はガルヴェが『キケロー著『義務論』についての哲学的注解と論考（*Philosophische Anmerkungen und Abhandlungen zu Ciceros Büchern von den Pflichten*）』を発表した年である。この著作における、ガルヴェ、あるいはむしろキケローの所説に対する問題関心が、『基礎づけ』に深く刻印されていると解されたこともあった。それは、同時期にハーマンが、ヘルダー宛書簡などでカントが「ガルヴェのキケロー論に対する、反論（Antikritik）」を執筆していると報告していることを傍証とするものだった。今日でも、このガルヴェの著書と『基礎づけ』の内容とになんらかの連関を見いだせるとする主張もあるが、(4) PhB版の緒論はむしろそうした主張に懐疑的である。

このように『基礎づけ』の成立事情には不分明なところが多い。それでも同書の「序文」を手がかりに、分かることだけを列挙しておこう。第一に、先の引用文がガルヴェの著作の刊行よりも先に書かれたことは明らかであるから、『基礎づけ』の中心的な問題意識はガルヴェの著作から独立に成立していた。カントはすでに「道徳の形而上学」の必要性を確信していたのである(本書一七頁、391)。第二に、『純粋理性批判』で言及された「道徳の形而上学」に比して、『基礎づけ』は限定的な問題設定の下に書かれている。『基礎づけ』は「道徳性の最上原理の探究と確定」を企図したものであり、当該の原理を適用することで「道徳の形而上学」という体系を提示することを企図

(3) Die Göttinger Recension (Garve/Feder), in: Konstantin Pollok (Hrsg.), (2001), Immanuel Kant, *Prolegomena zu einer jeden künftigen Metaphysik*, Felix Meiner Verlag, Hamburg, S. 189.

(4) そうした主張は、ライヒの一九三五年の小著『カントとギリシア人の倫理学』に代表される。Klaus Reich. (1935), *Kant und die Ethik der Griechen*, J. C. B. Mohr, Tübingen. 今日では、ライヒの所説の内容は肯定的に受け止められていないが、彼の所説を離れて、件の「連関」を見いだす研究もある。そのひとつがマンフレート・バウムの前掲論文だが(Baum, *ibid.*)、邦訳されたものとしては次のものがある。マンフレッド・キューン、菅沢龍文・中澤武・山根雄一郎訳『カント伝』春風社、二〇一七年、五三八頁から五四八頁。これに対して、本訳書の訳注でしばしば参照した、ハイナー・クレメの注釈書は、クリスティアン・ヴォルフの諸著作にカントの所説を理解するための手がかりを求めている。

していない。第三に、カントには「純粋実践理性の批判」（本書一七頁、391）という営みが視野に入っていたが、『基礎づけ』は理性批判の書としては構想されていない。

3 『基礎づけ』の議論進行

『基礎づけ』の「序文」については前節で若干触れたので、本節では、同書の三つの章に従って、その議論進行を確認したい。ただし、その梗概をここに示すのではなく、注目すべき論点をいくつか拾い上げるかたちを採りたい。

第一章「ふつうの道徳的理性認識から哲学的な道徳的理性認識への移行」

この表題は道徳にかんする常識的態度を手がかりとして「道徳性の最上原理」を探究し、その不十分さを指摘することで「哲学的な道徳的理性認識」の必要性を示すことを意味する。ただし、カントが「常識」を出発点にしたからといって、彼は「常識」に基づいて「道徳性の最上原理」を提示したわけではない。むしろ、ここでは哲学的反省より以前に、常識的な「道徳的理性認識」が存在することが前提されているのである。哲学者や倫理学者がいなくとも、「べきだ」や「べきでない」を語る道徳規範やそれに基づく善悪判断は生成消滅する。『基礎づけ』第一章の冒頭に記される、次の有名な文もそうした観点から読まれるべきである。

この世界の中で、いやおよそこの世界の外でも、制限なしに善いと評価され得るものは、ひとりなんらかの善い意志をおいてほかにまったく考えられない。（本書二三頁、393）

これは「善い意志」だけが無条件的に善いことを指摘する文だが、「善い」とはなにか、「意志」とはなにか、を明らかにすることなしに記されている。書物の冒頭とはそういうものだという理解の仕方もあるかもしれないが、カントは、この命題であれば常識の範囲内で理解できることを示しているのである。「意志」以外にも「善い」ものはさまざまあるが、それらが「善い」のは「善い意志」によって使用される場合に限られ、それらが「悪い意志」によって使用される場合には忌まわしいものに変わってしまうが、「善い意志」そのものはそれを悪へと変化させられるものがない、というのは常識的な判断であろう。

カントは、この「善い意志」を分析することで、「道徳性の最上原理」へとアプローチする。というのは、「最上原理」は「最上」であるがゆえに、他のなにものにも条件づけられないという点で、「善い意志」との連関が見込まれるからである。さて、この分析の手がかりとして採用されるのが「義務」概念である。「義務」概念には「なんらかの善い意志の概念」が含まれているからである（本書三二頁、397）。実際、なにかが「義務」として意識される場合には、そのなにかを「するのが善い」ことやそれを「すべき」ことが意識されている。さて、「義務」概念を手がかりとして得られるのは、次の三つの命題である。

第一の命題　「義務に適った行為」と「義務に基づいた行為」とは異なり、後者だけが道徳的価値をもつ。（本書三二頁以下、397ff. を参照）

第二の命題　義務に基づいたなんらかの行為がその道徳的価値をもつのは、当該の行為で達成しようとしている意図においてではなく、むしろ行為がそれに従って決心される格率においてである。したがって、義務に基づいた行為は、その行為の対象の実現に依存するのではなく、むしろ行為がそれに従って、欲求能力の一切の対象を顧慮することなく、行われる意志作用の原理にもっぱら依存する。（本書三八頁、399f.）

第三の命題　義務とは、〈法則への尊敬〉に基づいた行為の必然性である。（本書四〇頁以下、400）

第一の命題は、道徳が話題となる際につねに「偽善」を語りたがる常識的態度によっても容易に理解できる。これは、同時に、行為の道徳的価値の所在を行為の結果・効用から引き離すことになる。第二の命題は、行為の道徳的価値の所在を「意志作用の原理」である「格率」に見定める。この「格率」概念こそ、やがてカント倫理学の中心概念として働き、カント倫理学を「格率倫理学」とさえ呼ばせるものである。この二つの命題から第三の命題が導かれる。この命題に含まれる「法則への尊敬」における「法則」は、ひとまず常識的に「道徳法則（Sittengesetz）」と認められている道徳規範として押さえることができる。しかし、第一命題において行為の結果・効用が排除されていることを踏まえ、私たちはこの法則から行為の内容を除外して考えねばならない。そこに残るのは、法則のもつ普遍性だけである。
以上の行論に基づいて、「私は、私の格率がひとつの普遍的法則になるように私が意志することもできる、そのような仕方以外ではけっして振舞うべきでない」（本書四四頁、402）という原理が得られる。この原理を次のように言い換えることもできる。「私は自分に対して次のように問いかけさえすればよい。君は、君の格率がなにか普遍的法則になることを意志することもできるか、と」（本書四七頁、403）。こうして「ふつうの道徳的理性認識」に基づいて、私たちは道徳の純粋で厳格な原理を明らかにしたが、この原理は人間のすべての傾向性（習慣的欲望）を排除するものであるがゆえに、この原理とさまざまな傾向性とのあいだに「自然的弁証論」（本書五〇頁、405）が生じる。この「弁証論」こそが、人間理性を「ふつうの道徳的理性認識」に留まることを許さず、「哲学的な道徳的理性認識」へと「移行」するように強いるものである。このように第一章はその末尾において表題に掲げられた「移行」の必然性を表現している。

第二章「通俗的な道徳哲学から道徳の形而上学への移行」
この表題は、第一章の末尾で言及された「哲学的な道徳的理性認識」の領域内で、「通俗的な道徳哲学」から「道徳の形而上学」への移行が求められることを意味している。この領域で行われるのは、移行の前後を問わず、いずれも「哲学的」な認識であるから、これは、『純粋理性批判』の規定に従うなら、「概念に基づく理性認識」（A724/B752）である。そこで、第一章で分析の手がかりとして導入された「義務」概念が、第二章の冒頭で、理性認識をもたらす概念としてあらためて検討され（本書五三頁、406）、さらに「序文」で言及された「道徳性」の概念が本格的に導入される（本書五五頁以下、407f.）。このとき、カントの視界には、経験的で人間学的な知見に基づいて、「道徳性」概念を疑う「通俗的な道徳哲学」の立場が入っている。

さて、「道徳性」概念が成立しないなら「道徳性の最上原理」もまた成立しないはずである。これでは、第一章の末尾で言及された「自然的弁証論」を脱することができない。そこでカントは、「義務」概念が経験的なものでなく、むしろ理性に基づくものであることを指摘し、それを踏まえて、「道徳性」概念が、人間本性に基づいて人間にだけ妥当するものでなく、むしろ理性的存在一般に妥当するはずのものであることを主張する。カントはこうした行論をまとめ（本書六四頁以下、411）、「道徳の形而上学への移行」を準備する。まず、後年の『道徳形而上学』の「道徳の形而上学への緒論」と同様に、「道徳の形而上学」の基礎的な諸概念を説明する（本書六七頁以下、412f.）。次に、そこで得られた「定言的命法」という概念こそが「道徳性の命令」の表現として相応しいことを確認する（本書七六頁、416）。しかし、「定言的命法」がどのようにして可能かを明らかにすることは容易でない。そこで、カントはこの問題と対峙することをいったん回避し、「定言的命法」という概念だけを頼りにして、定言的命法を定式化する。それが次のものである。

君が当の格率によって、同時に、当の格率がひとつの普遍的法則となることを意志できるような、そのような格率だけに従って行為せよ。（本書八七頁、421）

これこそが「唯一の定言的命法」だが、カントは、この命法の抽象的性質を「〈ある種の類比[5]に従って〉より直観へと近づけ」、「またそれによってより感情へと近づけ」（本書一一九頁、436）るために、次の三つの定式を提示する。

〈自然法則の定式〉
あたかも君の行為の格率が君の意志によって普遍的自然法則になるべきであるかのような、そのような行為をせよ。（本書八八頁、421）

〈人間性の定式〉
君は、君の人格の中にも他のどんな人の人格の中にもある人間性を、いつでも同時に目的として扱い、けっしてたんに手段として扱わないような、そのような行為をせよ。（本書一〇四頁、429）

〈諸目的の国の定式〉

（5）ここでの「類比」の内実は明記されていない。〈自然法則の定式〉が自然法則と、〈諸目的の国の定式〉が自然の国との類比関係にあることは明らかだが、〈人間性の定式〉がなにとの類比関係であるかは不明瞭である。あえて想定するなら自然目的論との類比関係を考えることができるかもしれない。

（6）これは「意志の原理」として提示されるものであり、後に命法として〈諸目的の国〉という概念を含んで定式化される。それが本書の一二四頁（439）に見られる表現である。

〈それがひとつの普遍的法則となることが当の格率とも両立できる〉ような格率以外の、したがって、もっぱら〈意志がその格率を通して自分自身を同時に普遍的に立法するものと見ることができる〉ような格率以外のいかなる格率に従っても行為しない。[6]（本書一一四頁以下、434）

ひとつのたんに可能な〈諸目的の国〉に向けて普遍的に立法的な成員がもつ諸格率に従って行為せよ。（本書一二四頁、439）

ここに並列させた三つの定式については、さまざまな解釈上の問題がある。〈自然法則の定式〉と〈人間性の定式〉とのあいだで、カントは「道徳の形而上学への一歩」（本書一〇〇頁、426）を踏み出すことの必要性を訴えているがゆえに、〈人間性の定式〉の定式化の議論から後の議論を「道徳の形而上学への移行」と観るべきだろうか。すると、カント自身が行っていることとはいえ、ここに提示したような仕方で三つの定式を並列させる（本書一一九頁以下、436）ことは妥当だろうか。

〈人間性の定式〉はたいへん印象的なものだが、これがどのように「唯一の定言的命法」から導出されるのか。両者は一見したところ、たいへん異なっているにもかかわらず、どのように両者は関係しているのだろうか。この問題については、近年、ゼンセンの説得的な研究書が刊行された。[7]すなわち、「唯一の定言的命法」が命じる普遍性の尊重を人間たちに適用するなら、それは平等の尊重を意味し、人間相互において平等を尊重するとは自他を「たんなる手段」として道具化しないこと、自他を手段として利用することがあっても、自他が「同時に目的である」ことを踏まえて振舞うべきことを意味するのである。

〈諸目的の国の定式〉は、カントが意志の「自律」という重要概念を導入した（本書一一二頁、433）後で提示されるがゆえに、自律という原理こそが重要であり、「諸目的の国」という概念はその展開にすぎないのではないか。そうだとすれば、当該の定式は〈自律の定式〉と表現されるべきではないのではないか。これは諸家で実際に見解の分かれるところである。さらに、カントは、「諸目的の国」における自律という概念との関連で、有名な「尊厳」と「価格」との峻別を提起する。このとき、ゼンセンのように「唯一の定言的命法」から他の定式を導出できるとすると、尊厳という絶対的価値が「唯一の定言的命法」に依存することになるが、これは「尊厳」概念と抵触しないのかどうか。

第二章の終わりに向けてカントは、「意志の自律」こそが「道徳性の最上原理」であることを確認する（本書一二七頁、440）。他方、彼は、幸福追求に定位した「意志の他律」は「道徳性の真正ならざる一切の原理」をもたらす源泉であることを主張し（本書一二八頁以下、441）、そうした「意志の他律」に基づくさまざまな教説を否定的に列挙した上で、根本問題に立ち返る。それは、これまでの分析によって明らかになったことについて、それがどのようにして可能かを問うことである。カントはこれまでの議論の到達点を次のように表現する。

（7） Oliver Sensen (2011), *Kant on Human Dignity*, Walter de Gruyter, Berlin/Boston.

あらゆる善い意志の格率がもっている、自分自身を普遍的法則にするための適格性がそれ自身、唯一の法則であり、この法則をあらゆる理性的存在の意志は、なんらかの動機やその関心を根拠とすることなしに、自分で自分に課すのである。（本書一三六頁、444）

ここには、「唯一の法則」において「善い意志」とその格率がもつ「自分自身を普遍的法則にするための適格性」とが総合的に結合していること、当の法則を「あらゆる理性的存在の意志」が「自分で自分に課す」ことが含まれる。こうした結合はどのようにして可能なのだろうか。カントはこれらの問題を「いかにしてそのようなア・プリオリな総合的実践的命題が可能であるか」（本書一三六頁、444）という問いにまとめ、この問いに答えるという課題はもはや〈道徳の形而上学〉の限界内に存しないことを指摘し、第三章へと進む。

第三章　道徳の形而上学から純粋実践理性の批判への移行

この表題は、「道徳の形而上学」が可能になるために「純粋実践理性の批判」が必要となることを意味している。ただし、第三章の内部で当該の「批判への移行」が遂行されるわけではない。行われるのは、第二章の末尾に記されているように、「そうした批判について（中略）、自分たちの意図にとって十分なだけの主要な線を描き出」（本書一三六頁、445）すことだけである。

さて、第三章は、いくつかの小見出しを挿入することで、カント自身が話題を整理しながら進行する。これは、第一章にはなく、第二章の末尾で採用された手法である。その小見出しを引用してみよう。

自由の概念が意志の自律を解明するための鍵である（本書一三九頁、446）
自由がすべての理性的存在のもっている意志の特性として前提されねばならない（本書一四二頁、447）
道徳性の諸理念に結びついている関心について（本書一四四頁、448）
なんらかの定言的命法がどのようにして可能なのか（本書一五四頁、453）
すべての実践的哲学の極限的な限界について（本書一五七頁、455）
結びの注（本書一七一頁、463）

このような第三章の議論進行は、シェーネッカーによる浩瀚な研究書[8]に代表されるように、繰り返し再検討の対象とされてきた。特に、カント自身が「一見したところそこから抜け出ることができない一種の循環」（本書一四七頁、450）に言及したり、「すべての実践的哲学の極限的な限界」（本書一五七頁、455）という小見出しを掲げたりすることで、さまざまな議論を喚起してきた。そこから、第三章の議論をひとつの失敗と観るべきであり、その議論をやり直したのが『実践理性批判』

（8） Dieter Schönecker (1999), *Kant: Grundlegung III, Die Deduktion des kategorischen Imperativs*, Verlag Karl Alber, Freiburg/München.

なのだという解釈も生じ得たかもしれない。しかし、第三章は、批判へと向かう「最後の一歩」（本書二〇頁、392）なのであり批判そのものではない。その観点から、議論進行を概観しよう。

まず、第三章の議論は、その冒頭の小見出しに「意志の自律」とあることから、第二章で提示された「道徳性の最上原理としての意志の自律」（本書一二七頁、440）に向けられている。この原理を解明するには、自由に消極的概念のみならず積極的概念もまた認められねばならない。それによってはじめて道徳性の原理を、しかも「総合的命題」（本書一四〇頁、447）として、捉えることができるからである。

次に、自由概念について、それが「すべての理性的存在のもっている意志の特性」として「前提されねばならない」ことが指摘される。これは、ことがらが人間に定位した人間学的なものでなく、「すべての理性的存在」にかかわるものであることを確認することで、議論が経験的水準にないことへの注意である。同時に、自由の概念が「前提」されると主張できるのは、（理論的とは異なる）実践的な見地から次のように言えるからである。

〈自由という理念〉のもと以外では行為できないあらゆる存在は、まさにそれゆえに実践的な観点では現実に自由であり、すなわち、そうした存在にとっては、自由と不可分に結びついている一切の法則が妥当している。（本書一四二頁、448）

しかし、このように〈自由という理念〉を前提することで道徳性の原理を導くことができたとしても、「いったいなぜ私がこの原理に服すべきなのだろうか」（本書一四五頁、449）という問いに答えたことにはならない。この問いに答えるべく、私たちが理性的存在たるものとして自分の「関心（Interesse）」を振り返るなら、そこには確かに「私は定言的命法に対して必然的に関心を抱かねばならない」（同）という事態を見いだすことができる、とカントは言う。しかし、これは問題の解決にはならず、むしろ先に述べた「一見したところそこから抜け出ることができない一種の循環」（本書一四七頁、450）を招来してしまう。すなわち、一方で、道徳的法則のもとにある秩序を得るために自由を前提し、他方で、当の自由から道徳的法則を導きそれに自分が服していると考えるという「循環」に陥ってしまう。そこで彼は次のような方策を提示する。

私たちにはなおひとつの方策が残されている。それは、私たちが、〈自由によって自分たちをア・プリオリな作用因として考える場合〉には、〈私たちが目の当たりにしている諸結果としての私たちの諸行為に従って、自分自身を表象する場合〉とはなにか異なる立場をとっていないかと調べてみることである。（本書一四八頁、450）

カントはここで二つの立場を対比している。それは自分を原因として考える立場と、自分を自分自身の結果として考える立場である。後者の立場によれば、私たちは時間という形式によって規定された自然現象の中に現れる。結果はつねに自然現象として現象するからである。もちろん、この結果は私たち自身を原因としているがゆえに、他の自然現象と同じではない。したがって、この立場は現象界とそれとは異なる世界との双方にかかわるものである。他方、前者の立場は、もっぱら自分を原因の側において考える立場である。

このような二つの立場は、『純粋理性批判』で提示した批判哲学の根本的な見方、すなわち、私たちの対象認識の対象は「現象」であり「物それ自体」ではないという区別に則った、感性界と悟性界（知性的世界）という区別に対応している。人間は、一方で、純粋活動性としての「理性」を与えられた存在としては可想界（知性的世界）に属し、「自分自身の意志の原因性を〈自由という理念〉のもとでしか考えることができない」（本書一五二頁、452）。しかし、他方で、「もし私たちが自分たちを義務づけられていると考えるなら、私たちは自分たちを、感性界に属しているが同時に悟性界に属していると観る」（本書一五三頁、453）。このように、自分自身を表象する仕方を批判的に区別することで、カントは件の「循環」を脱するのである。後年の『実践理性批判』では、この仕儀が「自由はなるほど道徳的法則の存在根拠（ratio essendi）であるが、道徳的法則は自由の認識根拠（ratio cognoscendi）である」（V 4Anm.）とまとめて表現される。

以上の議論進行を踏まえて、ようやく第三章の中心的な問い、「なんらかの定言的命法がどのようにして可能なのか」（本書一五四頁、453）が小見出しに掲げられる。この「どのようにして」という問いには、感性界と悟性界（可想界）との区別に則って、「〈自由という理念〉が私をなんらかの可想界の一成員にすることによって、さまざまな定言的命法が可能なのである」（本書一五五頁、454）と答えられる。人間は確かにさまざまな傾向性や個別の欲望による誘因を払拭し難い存在だが、そうした誘因を意識しつつも、「べきだ」という意識も同時にもっている。この「べきだ」という意識は、可想界の一成員たる理性的存在の必然的な「しよう」という意志作用に基づいている。こうして定言的命法の可能性が示される。

しかし、ここには問題が残る。第三章の最初の部分で、道徳性の原理を「総合的命題」として問題化する際には、「なんらかのたんてきに善い意志」という概念と「その格率がいつでも自分自身を、それが普遍的法則と観られたとしてもみずからのうちに含むことができるような意志である」という「意志の格率」との総合的命題として捉えられたのだったが（本書一四一頁、447）、この箇所では、「〈感性的な欲望によって触発される私の意志〉に対して、さらに、〈同じ意志ではあるが悟性界に属し純粋でそれ自身だけで実践的な意志〉という理念が付け加わり、後者の意志が前者の意志の最上の条件を含むことによって」（本書一五五頁、454）、ア・プリオリな総合的命題が形成されるとされる。この二つの総合的命題を同一のものと捉えることができるかどうかには検討が必要である。

このような問題を抱えつつ、第三章は「すべての実践的哲学の極限的な限界」を指摘することで終了する。ここでは、実践的哲学には、まさに実践的な立場に基づいて語れることがあるものの、その立場を越えて語ることができない問題があることが指摘される。カントは、まず実践的哲学がどこまで分かっているかをまとめる（本書一六二頁以下、457f.）。その上で、限界外の諸問題がさまざまに指摘される。そのひとつを引用しよう。

〈純粋理性がどのようにして実践的であり得るか〉、これを説明することはすべての人間理性にとってまったく不可能であり、またその説明を試みる一切の労苦は徒労に終わることになる。
（本書一六九頁、461）

この引用文は「人間理性」の限界を指摘するものだが、そのほかに実践的哲学の内部から指摘される限界も存在する。

このような理想〔可想界という理想：引用者〕を考える純粋理性から一切の質料を、換言すれば客体の認識を分離させた後には、私には形式しか残っていない。すなわち、諸格率の普遍妥当性という実践的法則と、その法則に適って、なんらかの純粋な悟性界への関係において理性を可能な作用因であると、すなわち意志を規定する原因であると考えることしか残っていない。ここでは動機がまったく欠けているのでなければならない。むしろ、なんらかの可想界というこのような理念がそれ自身、動機でなければならないだろう、あるいは、理性がそれに対して根源的になんらかの関心を抱くようなものでなければならないだろう。もっとも、このことを理解することは、まさに私たちが解決することのできない課題なのである。（本書一七〇頁、462）

ここで言及された「可想界」の「理念」こそが定言的命法を可能にしたのだが、この理念は形式的なものにすぎず、「私は可想界の知識をいささかももっておらず、またおよそそうした知識には、私の自然本性上の理性能力でどんなに努力してみてもけっして到達できない」（同）のだから、理性がどのようにしてこの理念に関心を抱くのか、この理念そのものがどのようにして道徳的行為の動機になり得るのか、私たちはそれを理解できないのである。このようなカントの問題意識は、後年の『道徳形而上学』にまで引き継がれるものである（VI 225）。

しかし、このような限界の指摘は、カントの批判哲学一般におけるのと同様に、意義を有している。それは道徳の「最上の動因」を感性の側に探る試みを抑止するとともに、理性が「可想界」について分かりもしないことを語ることの抑止である。さらに、第三章の最後に置かれた「結びの注」では、「私たちは、なるほど道徳的命法の実践的で無条件的な必然性を把握することはないものの、それでも道徳的命法の把握不可能性は把握する」（本書一七三頁以下、463）という表現をもって、本書は肯定的に結ばれるのである。

4　『基礎づけ』の研究文献

ここに列挙するのは、ペイトンの古典的な業績と日本人によるいくつかの研究書を除けば、いずれも比較的近年に刊行されたものである。このように書名を挙げることで、『道徳形而上学の基礎づけ』という書物の研究状況が活況を呈していることが分かるだろう。

なお、この一覧は本訳書における参考文献表としての意味ももっている。訳注においては、たとえば Klemme, S. 20のように参照箇所を示した。

Allison, H. E. (1990), *Kant's Theory of Freedom*, Cambridge University Press, Cambridge.
Allison, H. E. (2011), *Kant's Groundwork for the Metaphysics of Morals, A Commentary*, Oxford University Press, Oxford.
Guyer, P. (Ed.), (1998), *Kant's Groundwork of the Metaphysics of Morals, Critical Essays*, Rowman & Littlefield Publishers, Lanbam.
Horn, Ch., Mieth, C. and Scarano, N. (Eds.), (2007), *Immanuel Kant, Grundlegung zur Metaphysik der Sitten, Kommentar von Horn, Ch., Mieth, C. and Scarano*, N., Suhrkamp Verlag, Frankfurt am Main.
Hill, T. E. and Zweig, A. (Eds.), (2002), *Immanuel Kant Groundwork for the Metaphysics of Morals*, Oxford University Press, Oxford.
Horn, Ch. and Schönecker, D. (Eds.), (2006), *Groundwork for the Metaphysics of Morals*, Walter de Gruyter, Berlin and New York.
稲葉稔（1983）、『カント『道徳形而上学の基礎づけ』研究序説』創文社。
Kaulbach, F. (1988), *Immanuel Kants ›Grundlegung zur Metaphysik der Sitten‹, Interpretation und Kommentar*, Wissenschaftliche Buchgesellschaft, Darmstadt.
Klemme. H. F. (2017), *Kants »Grundlegung zur Metaphysik der Sitten«, Ein systematischer Kommentar*, Reclam, Stuttgart.
中野重伸（1993）、『カント倫理学序説——『道徳形而上学の基礎づけ』を読む』高文堂出版社。

Pasternack, L. (Ed.), (2002), *Immanuel Kant: Groundwork of the Metaphysic of Morals in focus*, Routledge, London and New York.

Paton, H. J. (1947), *The Categorical Imperative: A Study in Kant's Moral Philosophy*, Hutchinson & Company, Ltd., London. 邦訳：H・J・ペイトン、杉田聡訳（1986）、『定言命法――カント倫理学研究』行路社。

Richter, P. (2013), *Kants "Grundlegung zur Metaphysik der Sitten", Ein systematischer Kommentar*, Wissenschaftliche Buchgesellschaft, Darmstadt.

Schönecker, D. (1999), *Kant: Grundlegung III, Die Deduktion des kategorischen Imperativs*, Verlag Karl Alber, Freiburg/München.

Schönecker, D. and Wood, A. W. (2002), *Kants "Grundlegung zur Metaphysik der Sitten", Ein einführender Kommentar*, Ferdinand Schöningh, Paderborn.

Schönecker, D. (Hrsg.), (2015), *Kants Begründung von Freiheit und Moral in Grundlegung III, Neue Interpretationen*, mentis, Münster.

Timmermann, J. (2007), *Kant's Groundwork of the Metaphysics of Morals, A Commentary*, Cambridge University Press, Cambridge.

Timmermann, J. (Ed.), (2009), *Kant's Groundwork of the Metaphysics of Morals, A Critical Guide*, Cambridge University Press, Cambridge.

5 「啓蒙とはなにか」について

本訳書には、カントが『ベルリン月報』一七八四年一二月号に発表した有名な論文「啓蒙とはなにか、この問いへの回答」の訳文を付すことにした。この訳文は付録的なものであるがゆえに、この論文の周辺事情にかんする解説は省略する。

ここにこの訳文を付す理由の第一は、『基礎づけ』の出版年が一七八五年とされることと関係する。実際のところ、カントは一七八四年に『基礎づけ』の原稿を脱稿した後で、この論文を執筆している。この時期的な先後関係と隣接とをまずは指摘しておきたい。

次に、『基礎づけ』の営みが、やがて法と倫理とを包括する『道徳形而上学』の「最上原理」を確定するものであるにもかかわらず、いや、そうだからこそ、カントの思考が彼の同時代的状況から乖離しているように見えるからである。これは、そう見えるだけでなく、実際、そのとおりであり、そうだからこそ、『基礎づけ』は二一世紀の今日でも最重要な倫理学的な古典としての意義を保っているとも言える。しかし、これはカントの思考がつねに形而上学的な次元を推移していたことを意味しない。そこで、具体的な問題状況と対峙しつつ、哲学を遂行する哲学者カントの姿を伝えるべく、訳文を添えることにした。

この論文では、はじめに啓蒙のモットーとして「君自身の悟性を使用する勇気をもて！」が掲げられる。しかし、カントはさっそく、未成年状態に留まることの安楽さゆえに、〈個人の自己啓蒙〉が困難であることを指摘し、より容易であると見なされた〈公衆の自己啓蒙〉へと話題を展開する。公衆に自分の理性を公開的に使用する自由を委ねさえすれば啓蒙はおのずから実現へと向かうというのである。この後者の議論においてもっぱら言及される能力は、悟性でなく理性である。すると、啓蒙とは、理性のことがらであるように見える。しかし、誰かが自分で考えることなくして啓蒙の潮流は発生しない。この個人に定位した思考では悟性が第一に働くはずである。この点で、啓蒙と悟性との関係も見すごされてはならない。この悟性に基づいた思考内容が他人に伝達され討議に付されるときに行われるはずであり、またそれを阻害されてはならないのが、「理性の公開的使用」である。このとき、理性使用は各人以外の他者（理性的存在）を前提している。このような理性の性格もまた、この論文から読み取ることができる。

訳者あとがき

カントの『道徳形而上学の基礎づけ』（以下、『基礎づけ』と略す）の新しい翻訳をここに出版する理由を記しておきたい。同書にはすでに多くの先行訳が存在するがゆえに、この訳書が屋上屋を架すものに見えるかもしれないからである。同書の翻訳には、実際、優れたものも少なくない。それにもかかわらず、この新訳を試みた理由は次のようなものである。

カントの倫理学は、高等学校の倫理の教科書でも解説されるものとして、すでに理解し尽くされたかのように受け取られがちである。実際、「道徳法則」、「定言命法」、「目的の国」などの概念を、期末試験に向けて暗記した記憶のある読者もいるのではないだろうか。この状況で、『基礎づけ』を手に取る人は、既存のカント倫理学理解を同書の中に確認することを目的とするかもしれない。

しかし、解説の中で列挙したように、『基礎づけ』の研究書は英語圏でもドイツ語圏でも、近年、たいへん多く刊行されている。これは、同書の理解はすでに定まっているという見方を打ち崩す現象である。もちろん、『基礎づけ』は倫理学の古典であるから、何度でも反復して読み返されるべきものであるが、それはこのように新しい研究書を陸続と産み出す理由としては不十分である。やはり、現代においてなお、同書になにか分かり切っていない点があると考えられているからではないだろうか。

そこで、この訳書では、次のような方針を採用した。それは、名詞に対して、それが定冠詞つき、不定冠詞つき、無冠詞で使用される場合を読み分け、それを可能な限り訳文に反映させることである。そうすることによって、カントが自説として確定的に述べている概念と、議論進行の中で浮動的に検討している概念とを区別することができる。

また、カントが同時代を見渡し、常識的に使用されているものとして採用した概念と、カント自身の所説によって根拠づけられた概念を読み分けることを試みた。それは、たとえば、Sittengesetz（道徳法則）と das moralische Gesetz（道徳的法則）の読み分けとして実現した。後者こそがカントの所説に適うものなのである。

さらには、「定言的命法」や「諸目的の国」のような訳語を採用することで、カント倫理学理解の中でキーワードとして固定した「定言命法」や「目的の国」という表現を避け、カント倫理学をこれからも多様に理解する可能性を残した。

こうした試みは、全体として訳文をいくぶん冗長なものにしたかもしれない。しかし、訳者がつねに考えていたことは、ドイツ人が『基礎づけ』を初めて手に取って読んだときに、どのような印象を受けるだろうか、ということである。日本語に訳すことは、すでに一定の解釈を施すことになる。これは避けられない。それでも、できる限り、既存の訳語を使用すること等に由来する固定化を避けることで、もう一度、『基礎づけ』を理解し直してみたいという読者に資することもあるのではないだろうか。

今回の訳文を作成するにあたっても、訳者の本務校である早稲田大学大学院文学研究科の大学院生にずいぶん助けられた。訳者が大学院生に向かって、作成した訳文を読み上げ、不十分な点をさまざまご指摘いただいた。お世話になった大学院生の数はたいへん多いので、ここにお名前を記すことは省かせていただくが、感謝している。

この訳書の企画は、訳者が拙著『カント哲学の核心――『プロレゴーメナ』から読み解く』（NHK出版、二〇一八年）の「おわりに」において、「さまざまな概念を正確に翻訳することを断念することで表面的に分かりやすくすればよいかと言えば、そうではない。それでは哲学が死んでしまう。哲学は概念で生きているからである」と記したことに、人文書院の松岡隆治さんが目をとめ、ここに記したような理念に基づいて、カントの著作の翻訳を企画されたことをきっかけとする。松岡さんのご期待に沿う訳文になったかどうかには内心忸怩たるものもあるが、この出版に当たってたいへんお世話いただいた。記して御礼申し上げたい。ありがとうございます。

二〇二二年四月一一日

御子柴　善之

149, 149n, 155n, 162, 164, 165, 216

や 行

約束（Versprechen）　*44-46, 45n, 50, 82, 90, 91, 91n, 106, 116, 132, 186*
要請（Postulat）　*104, 105n*
欲求（Begehren）　*27n, 51n, 166*
欲望（Begierde）　*15n, 80, 100, 154-156, 162, 168, 216, 217*
弱さ（Gebrechlichkeit）　*54, 73n*

ら 行

理性（Vernunft）　*8, 12, 15n, 16, 18, 19n, 21n, 27-29, 29n, 30, 31, 41, 42, 47, 48, 50, 51, 51n, 54, 56-58, 57n, 59n, 62-64, 67-72, 67n, 69n, 73n, 78, 79, 81, 84, 86, 89n, 90, 95, 95n, 98-101, 103, 104, 115, 117, 119, 128-130, 129n, 134, 135, 137n, 139, 143-146, 151, 152, 153n, 154, 156, 158, 160-172, 177n, 181, 182, 181n, 183n, 185, 185n, 186, 190, 191n, 192, 196, 208, 216, 218, 219, 223*
　実践的—　*161, 163, 168*
　思弁的—　*160, 161*
　純粋—　*10-12, 13n, 19n, 21n, 45n, 49n, 58, 59, 59n, 65, 67n, 83n, 108, 109n, 127n, 131n, 133, 164, 167, 169, 170, 199, 217, 218*
理性嫌い（Haß der Vernunft）　*29, 29n*
理性的存在（vernünftiges Wesen）　*11, 12, 41, 43n, 67-69, 67n, 71, 72, 74, 81, 85, 85n, 86, 92, 96, 97, 100-104, 106, 108, 110-116, 115n, 117n, 118, 119, 122-125, 128, 130, 136, 137n, 142-145, 152, 154, 164, 166-168, 170, 171, 212-215, 217, 223*
理想（Ideal）　*58, 59n, 83n, 170, 171, 218*
　構想力の—　*81*
立法（Gesetzgebung）　*45n, 54, 96, 109-112, 114, 115, 118, 120, 123, 127, 129, 164, 188, 192, 210*
理念（Idee）　*9, 11, 12, 16, 27, 30, 36, 37, 54, 56, 58, 59n, 60, 80, 81n, 84, 105, 109-111, 109n, 115, 119, 120, 122, 124, 125, 127, 133, 136, 141-146, 152, 154-158, 160, 164, 165, 167-169, 170, 171, 214, 216-219*
良心（Gewissen）　*48, 90, 178, 184, 185, 185n, 190*
理論的（theoretisch）　*18, 48, 62, 63n, 65, 144, 161, 214*
倫理学（Ethik）　*7-9, 7n, 9n, 45n, 113n, 196, 197*
類比（Analogie）　*119, 124, 209, 209n*
例外（Ausnahme）　*56, 88, 94-96, 97n*
怜悧（Klugheit）　*33, 44-46, 71n, 74-77, 77n, 79, 81, 82, 131*
論理学（Logik）　*7-9*

わ 行

災い（Übel）　*80, 82, 90*

108–115, 118, 119n, 121, 123, 124, 126–128, 134–136, 135n, 140, 142, 145, 146, 152, 154, 155, 157, 162–164, 166–170, 172, 173, 206, 207, 212, 214, 218
自然— 88, 89n, 93, 94, 108, 109n, 118, 121, 121n, 125, 135, 140, 152, 154, 158, 159, 161, 164, 165, 209, 209n, 210
道徳的— 12, 13n, 14, 15n, 43n, 62, 119n, 120, 126, 145–147, 147n, 152, 166, 168, 171, 172, 215, 216, 226
方法（Methode） 20, 21n, 120
本性（Natur） 7, 10, 13
自然— 11, 13n, 28, 57n, 60–62, 63n, 65, 103, 107, 115, 118, 122, 130, 135, 142, 144, 150, 201
人間— 7n, 54, 96, 186, 208
本能（Instinkt） 28–30, 116, 165

ま 行

満足（Zufriedenheit） 24, 28, 30, 31, 34, 36, 37, 46, 49–51, 60, 80, 81, 100, 146, 156, 172
＊未成年状態（Unmündigkeit） 177–180, 186, 187n, 190, 191, 222
ミソロギー（Misologie） 29, 29n
＊民衆（Volk） 186–188, 187n, 189n, 192
無条件的（unbedingt） 24, 31, 38, 41, 76, 83, 84, 96, 111, 118, 121, 172, 173, 200, 205, 219
矛盾（Widerspruch） 94, 95, 117, 121, 122, 158–160, 162, 165, 168, 185, 185n
命題（Satz） 21n, 38, 39n, 40, 78, 86, 87n, 104, 105n, 111, 136, 140, 153, 202, 206
総合的— 21n, 78, 85n, 87n, 128, 140, 141, 141n, 155, 156, 157n, 214, 217
分析的— 79
命法（Imperativ） 68, 70–79, 71n, 75n, 81–84, 86–88, 87n, 89n, 96, 105n, 110–112, 119, 121, 127, 129, 134, 135, 155, 168, 200, 209, 209n
仮言的— 71, 71n, 72, 82, 129
定言的— 69n, 71, 71n, 72, 76, 77n, 83–87, 85n, 87n, 89n, 96, 102, 104, 109n, 110, 111, 120, 121, 124, 128, 129, 135, 136, 140, 142, 145, 154, 155, 168, 172, 200–202, 208–211, 213, 215–218, 226
道徳的— 83, 173, 219, 112, 201
命令（Gebot） 11, 40, 50, 51n, 55, 68, 75n, 76, 77, 77n, 81, 84, 86, 98, 110, 111, 129, 183, 185n, 200
定言的— 86
道徳的— 112, 200, 201
目的（Zweck） 14, 26–28, 30, 31, 38, 39n, 51n, 71–74, 75n, 78, 79, 82, 91, 101–108, 105n, 109n, 110, 111, 113–116, 117n, 118, 119, 122–125, 125n, 134, 171, 200, 209, 210
主観的— 103, 108
客観的— 103, 108
目的それ自体（Zweck an sich selbst） 102–105, 107, 108, 113, 115, 116, 118, 119, 122, 123, 171
目的の国 → 諸目的の国
目的論（Teleologie） 120
物それ自体（Ding an sich selbst）

な　行

人間学（Anthropologie）　*9, 11, 12, 62, 66*
人間性（Menschheit）　*57, 97, 104, 105, 105n, 107, 108, 109n, 116, 118, 124, 127, 188, 209, 209n, 210*
二律背反（Antinomie）　*49n, 51n*
認識（Erkenntnis）　*16, 20, 21n, 32, 42, 58, 64, 66-68, 80, 118, 128, 135, 141, 148-150, 149n, 151n, 152-156, 158, 170, 172, 185n, 186, 207, 218*
　実践的—　*12, 84, 157n*
　道徳的—　*21n, 47*
　理性—　*8, 14, 20, 59, 65, 66*
能力（Vermögen）　*12, 26, 30, 65-68, 92, 101, 114, 115n, 119n, 127, 131n, 151, 163, 165, 167, 177, 190, 192, 199, 223*
　実践的—　*30*
　認識—　*67n, 95n, 149n*
　判定—　*48*
　欲求—　*25n, 28, 38, 41, 67n, 70, 102, 149n, 165, 206*

は　行

判断（Urteil）　*15n, 16, 21n, 30, 49, 57n, 71n, 73n, 74, 96, 131, 134, 146, 157, 189, 190*
判断力（Urteilskraft）　*12, 15n, 23, 55, 143, 148, 199*
判定（Beurteilung）　*12, 47, 58, 100, 112, 125, 126, 178, 183*
　実践的—　*44, 48*
　道徳的—　*66, 94, 120, 166*
被造物（Geschöpf）　*28, 29n, 166, 178*
必然性（Notwendigkeit）　*11, 18, 40, 47, 57n, 65, 71n, 73n, 76, 82, 84, 86, 96, 112, 115, 145, 158, 168, 172, 173, 206, 219*
批判（Kritik）　*18, 20, 21n, 52, 59n, 128, 130, 136, 139, 192, 199, 212, 214*
　純粋実践理性の—　*17, 18, 19n, 20, 128, 139, 204, 212*
　純粋思弁理性の—　*17, 19n, 21n*
不快（Unlust）　*100, 167*
福音書（Evangelium）　*11n, 37n, 58, 59n, 107n*
不純さ（Unlauterkeit）　*54, 73n*
物件（Sache）　*103, 105*
普遍的（allgemein）　*13n, 45n, 86, 87n, 88, 91, 94, 95, 97n, 108, 109n, 119-121, 121n, 130, 164, 167, 201, 207, 210*
普遍性（Allgemeinheit）　*8, 12, 24, 45n, 46, 47, 57, 66, 76, 77, 81, 88, 89, 92, 94, 95, 100, 102, 104, 106, 109-112, 109n, 114-116, 118, 121-124, 127, 145, 156, 171, 183, 190, 210*
分析的（analytisch）　*20, 21n, 78, 79, 82, 85, 121n, 136*
べきだ（Sollen）　*38, 46, 48, 68, 70, 86, 94, 97n, 100, 129, 145, 146, 155, 157, 164, 165, 167, 186, 204, 216*
＊屁理屈をこねる（räsonnieren〔räsonieren〕）　*51n, 181, 182, 183n*
弁証論（Dialektik）　*51, 51n, 158, 207*
　自然的—　*50, 51n, 207, 208*
法則（Gesetz）　*8, 11, 12, 13n, 14, 15n, 37, 40-46, 43n, 45n, 50, 56, 57n, 58, 65, 67, 67n, 70, 71, 76, 77n, 83, 84, 86, 87n, 88-92, 94, 96-98, 100, 106,*

尊厳（Würde）　*50, 62, 64, 98, 99n, 115, 116, 118, 123, 124, 126, 127, 131, 192, 211*
総合的（synthetisch）　*20, 21n, 84, 121n, 141n, 149n, 212*

た　行

体系（System）　*49, 107n, 120, 133, 196, 203*
対象（Gegenstand）　*8, 10, 38, 40, 42, 57, 70, 102, 103, 108, 111, 117, 121, 121n, 122, 127, 129, 134, 140, 148, 150, 151n, 162, 164, 167, 169, 178, 206, 213*
妥当性（Gültigkeit）　*50, 95–97, 97n, 146, 167, 168*
他律（Heteronomie）　*112, 128, 130, 131n, 134, 135, 140, 152, 154, 164, 168, 211*
知恵（Weisheit）　*31, 31n, 50, 51n*
知覚（Empfindung）　*42, 63n, 83, 150, 161*
知性（Intelligenz）　*69n, 152, 154, 161, 162, 164, 165, 168, 169, 171*
秩序（Ordnung）　*99n, 147, 156, 161, 164, 187, 188, 215*
直観（Anschauung）　*83n, 119, 120, 132, 150, 209*
通俗性（Popularität）　*18, 60, 61, 61n*
定言的（kagtegorisch）　*71, 71n, 72, 76, 82, 83, 110, 121, 124, 129, 134, 155, 162*
定式（Formel）　*68, 69n, 71, 72, 85, 87n, 89n, 105n, 109n, 110, 118–120, 122, 125n, 140, 209–211, 209n*
適意（Wohlgefallen）　*100, 116, 117, 129, 131, 135, 167*
哲学（Philosophie）　*7, 7n, 8, 11, 14, 16, 48–51, 98, 100, 158, 222*
　実践的—　*51, 59, 61, 63n, 171n*
　思弁的—　*65, 100, 160, 168*
　純粋—　*9, 10, 14, 62, 66*
　超越論的—　*16*
　道徳—　*11, 12, 13n, 14, 17n, 20, 53, 53n, 199, 207, 208*
哲学者（Philosoph）　*47–49, 54, 60, 160, 204*
動因（Bewegursache）　*64, 84, 131, 163, 170, 219*
動機（Triebfeder）　*13n, 38, 54, 62, 64, 68, 83, 96, 101, 102, 110, 125, 126, 131, 134, 136, 137n, 145, 169, 170, 212, 218, 219*
同情（Teilnehmung）　*38, 93, 132*
道徳（Sitten, Sitte の複数形）　*9–12, 9n, 14, 16–18, 20, 49, 53, 59–62, 77, 77n, 98, 100, 133, 133n, 136, 139, 170, 195–204, 206–208, 210, 212, 219*
道徳学（Moral）　*7n, 9, 9n, 66, 105, 107n, 120, 128, 160, 196, 198*
道徳性（Moralität, Sittlichkeit）　*18, 52n, 54–56, 58, 60, 61, 76, 77n, 82, 84, 98, 99, 101n, 111, 114, 116, 118, 126–128, 129n, 130–134, 131n, 136, 140, 142, 144, 152–154, 167, 172, 198, 199, 203–205, 208, 211, 213, 214, 217*
道徳法則（Sittengesetz）　*11, 13n, 206, 225, 226*
徳（Tugend）　*15n, 31n, 55, 63, 64, 99, 118, 131–133*
＊読者界（Leserwelt）　*181n, 182, 183n*

185n
自発性（Spontaneität）　151
＊市民（Bürger）　183, 184, 188
自由（Freiheit）　8, 25n, 58, 61, 77, 77n, 84, 85n, 89n, 98, 103, 106, 108, 114, 115n, 118, 127n, 139-148, 141n, 143n, 147n, 152-161, 163-166, 168, 169, 171, 173, 179-182, 181n, 184-186, 188, 190-192, 191n, 196, 213-216, 223
　＊市民的—　192
＊宗教（Religion）　185n, 190, 191, 191n
主観的（subjektiv）　25n, 32, 40, 41, 57n, 67-69, 71, 76, 84, 95, 97, 97n, 101, 102, 108, 117, 119, 119n, 161, 166
熟練（Geschicklichkeit）　73-76, 75n, 77n, 78, 79, 82, 116
主体（Subjekt）　32, 72, 107, 108, 122, 123, 128, 134, 135, 135n, 143, 159, 160, 165, 166
手段（Mittel）　26, 27n, 28, 30, 71, 72, 74, 75, 78, 79, 81, 82, 101-106, 113, 114, 117n, 122, 123, 172, 200, 209, 210
趣味（Geschmack）　100, 116, 117, 135
循環（Zirkel）　132, 133, 147, 147n, 152, 213, 215, 216
純粋（rein）　11, 12, 14, 16, 18, 24, 40, 47, 50, 53, 56, 57, 59, 61, 62, 65, 65n, 66, 130, 151, 155, 162, 166, 167, 169, 170, 207, 217, 218
純粋性（Reinigkeit）　14, 64
触発する（affizieren）　148, 149
助言（Ratschlag）　76, 77n, 82
諸目的の国（Reich der Zwecke）　99n, 113-116, 113n, 117n, 118, 120, 123-125, 125n, 209-211, 209n, 226
自律（Autonomie）　109n, 112, 113n, 118, 125n, 126-128, 127n, 135, 136, 139, 140, 145, 148, 152-155, 164, 168, 211, 213, 214
仁愛（Wohlwollen）　93, 116, 156
人格（Person）　10, 24, 25n, 42, 43, 103-107, 123, 126, 147, 156, 186, 188, 209
心術（Gesinnung）　53, 54, 66, 76, 116, 118, 156
　道徳的な—　66
　道徳的に善い—　118
親切を行う（wohltun）　35, 36
＊臣民（Untertan）　189, 191, 192
心理学（Psychologie）　16, 101n
崇高さ（Erhabenheit）　98, 125, 125n, 126, 131
性格（Charakter）　24, 25n, 36
聖職者（Geistliche）　181, 183n, 184-187, 187n, 190
性癖（Hang）　38, 39n, 50, 51n, 92, 95n, 97, 117, 132, 192
世界（Welt）　23, 23n, 49n, 55, 56, 123, 150, 169, 171, 181, 185, 190, 192, 205, 216
＊世界市民（Weltbürger）　182
善（Gut）　13, 30, 31n, 41, 47, 55, 58, 62, 68, 70, 76, 189n
　最高—　31n, 58, 59n
選択意志（Willkür）　27n, 103, 148, 149n
素質（Anlage）　28, 30, 107
尊敬（Achtung）　40, 42, 43, 43n, 47, 54, 56, 57, 66, 96, 98, 103, 117, 118, 124, 126, 127, 206

78, 79, 81, 83–88, 90, 94–98, 100–108, 110, 112, 114–117, 120–124, 126, 127, 129, 134, 140, 142–146, 152, 154, 155, 157, 159, 162, 163, 165, 166, 168, 172, 192, 206, 208–210, 214
行為根拠（Bewegungsgrund） 13n, 14, 16, 34, 41, 47, 101, 115, 146
＊公開的（öffentlich） 181, 181n, 182, 184, 185, 187, 188, 190–192, 223
＊公衆（Publikum） 180, 182–185, 223
拘束力（Verbindlichkeit） 11, 13n, 16, 71n, 94, 97n, 126, 127n, 147n
幸福（Glückseligkeit） 13n, 24, 25n, 27–31, 31n, 36, 37, 41, 50, 51n, 60, 67n, 74–76, 79–81, 81n, 83n, 92, 107, 124, 129–132, 146, 147n, 154, 200, 202
構想力（Einbildungskraft） 81, 83n, 116
合目的的（zweckmäßig） 24, 27, 29n, 30, 31, 124
こころ（Gemüt） 24, 35, 36, 38, 47, 63, 116, 153
悟性（Verstand） 8, 9, 16, 23, 29, 48, 57n, 135, 148, 149n, 150, 151, 153n, 155, 155n, 177–179, 177n, 187n, 190, 191n, 201, 222, 223
悟性界（Verstandeswelt） 149, 151–157, 155n, 162, 163, 170, 216–218
根拠（Grund） 8, 11, 12, 13n, 14, 16, 27, 30, 31, 37, 40, 44, 45, 47, 56, 57n, 71n, 76, 78, 81, 84, 101, 102, 104, 106–108, 111, 112, 118, 120, 123, 124, 130, 134, 136, 142, 144, 146, 147n, 148–150, 152, 154, 155n, 160, 166, 168, 169, 172, 212

さ 行

才能（Talent） 10, 23, 23n, 36, 43, 92, 93n
指図（Vorschrift） 12, 13n, 28, 36, 37, 50, 54, 57, 62, 73, 75, 83, 84, 95, 95n, 124, 125, 134, 167, 184, 190
死（Tod） 34, 35n
自我（Ich） 150
自己（Selbst） 24, 25n, 134, 162, 163, 168
　愛しい— 55
思考（Denken, Gedanke） 8, 16, 60, 156, 163, 164, 167, 223
自殺（Selbstmord） 91n, 105
自然（Natur） 7n, 8, 13n, 17, 23, 24, 25n, 26–28, 30, 31, 36, 66, 67, 88, 89n, 90, 92, 97, 98, 100, 103, 116, 124, 135, 141, 141n, 152, 154, 156, 158–160, 165, 171, 178, 179, 192
自然学（Physik） 7–10, 7n, 62, 63n, 197n
実在性（Realität） 96, 125, 132, 146, 158
実践的（praktisch） 9, 12, 14, 16, 19n, 38, 48, 49, 51, 51n, 52n, 57, 62, 63n, 65, 66, 68, 71, 72, 73n, 76, 81, 95, 96, 100, 102, 115, 119, 119n, 131n, 135, 142–145, 155, 164, 166, 168, 169, 173, 184, 214, 217, 219
実用的（pragmatisch） 77, 81n, 83
実例（Beispiel） 43, 53, 56, 58, 66, 82, 83, 156, 158, 165, 192
質料（Materie） 76, 119, 119n, 120, 122, 169, 170
＊私的使用（Privatgebrauch） 182,

84, 85n, 86, 95, 97, 97n, 100-102, 104, 113, 115, 119, 119n, 126, 145, 146, 158, 165, 166
共感（Sympathie）　*36*
強制（Zwang）　*69n, 89n, 112, 124*
偶然的（zufällig）　*14, 56, 57, 62, 64, 68, 70, 76, 77n, 84, 98, 104, 107, 130, 135*
国（Reich）　*113, 117n, 125n, 171*
　自然の一　*120, 124, 125, 209n*
　目的の一　*225, 226*
＊君主（Monarch）　*181, 181n, 188, 189, 189n, 191n, 192*
経験（Erfahrung）　*8, 12, 13n, 21n, 47, 53-56, 58, 61, 80, 81, 83, 98, 108, 109n, 130, 135, 157, 158, 159n, 164, 165, 167, 171n, 196, 198*
経験的（empirisch）　*8-12, 14, 15n, 16, 48, 57, 59, 64, 66, 80-82, 83n, 98, 100, 101, 130, 150, 152, 167, 170, 171n, 208, 214*
傾向性（Neigung）　*12, 15n, 26, 31-38, 33n, 40, 42, 47, 50, 51, 51n, 54, 62, 67, 70, 76, 84, 86, 88, 94, 95, 95n, 97, 98, 100, 102, 103, 115, 116, 126, 128, 129, 134, 135, 154, 156, 162, 207, 216*
形式（Form）　*8, 47, 76, 108, 119, 120, 135, 141n, 169, 170, 215, 218*
形式的（formal）　*8, 9, 38, 39, 39n, 41n, 89n, 91n, 102, 121, 123, 164, 168, 218*
形而上学（Metaphysik）　*9, 10, 14, 17, 21n, 49n, 59n, 60, 61n, 62, 66, 100, 197n, 198, 199, 222*
　自然の一　*9, 10, 19n, 197n, 198, 200*
　道徳の一　*9-12, 16-18, 17n, 20, 53, 59, 61, 62, 65n, 100, 136, 139, 196, 197n, 200, 201, 201n, 203, 207, 208, 210, 212*
＊啓蒙（Aufklärung）　*177, 177n, 178, 180, 181n, 182, 183n, 186, 188-192, 191n, 222, 223*
現象（Erscheinung）　*56, 141n, 149n, 150, 152, 154, 155n, 161, 165, 168, 216, 225*
原因（Ursache）　*28, 42, 54, 63n, 64, 78, 79n, 80, 83, 130, 140, 141, 141n, 163, 164, 166, 167, 170, 171, 177, 178, 215, 216, 218*
原因性（Kausalität）　*78, 139, 140, 143, 144, 152, 154, 161-163, 165, 167-169*
限界（Grenze）　*136, 157, 163, 164, 170, 171, 171n, 173, 212, 213, 217-219*
源泉（Quelle）　*10, 12, 16, 20, 36, 51, 56, 57, 98, 103, 128, 147n, 211*
原則（Grundsatz）　*27, 29n, 80, 86, 98, 105, 112, 122*
現存在（Dasein）　*88, 89n, 102-104, 121*
権利（Recht）　*57, 93, 106, 143n, 161, 188, 191n*
原理（Prinzip）　*7, 13n, 18-20, 24, 38, 39, 39n, 41, 44, 46-49, 51, 66-70, 72, 76, 78, 87, 90, 91, 93-98, 104, 106, 108-112, 114, 115, 118, 121, 122, 126-128, 130-132, 134-136*
行為（Handlung）　*12, 13n, 14, 24, 28, 29, 32, 33n, 34-36, 35n, 38-41, 39n, 45-48, 50, 53-56, 64, 67, 70-72, 74-76,*

16, 29n, 48, 50, 73, 191
格率（Maxime）　*25n, 34, 35, 35n, 38, 40, 41, 44–47, 45n, 51, 54, 73n, 86–88, 87n, 89n, 90–95, 91n, 97, 100, 109, 109n, 111, 112, 114, 115, 115n, 117–123, 119n, 121n, 125, 125n, 126, 128, 129, 135, 136, 135n*
仮言的（hypothetisch）　*71, 71n, 72, 74, 75, 82, 86, 96, 102, 110, 129*
可想界（intelligible Welt, mundus intelligibilis）　*23n, 123, 141n, 152, 155, 157, 162, 164, 169, 170, 216–219*
価値（Wert）　*24, 26, 32, 34, 36, 47, 48, 64, 73–75, 99n, 102–104, 116–118, 119n, 125, 146, 147, 180*
　道徳的（な）―　*35–38, 39n, 41, 53, 54, 126, 206*
カテゴリー（Kategorie）　*120, 121n, 127n, 155n, 200*
神（Gott）　*31n, 49n, 58, 59n, 60, 63n, 130, 133, 185n*
感覚（Empfindung, Sinn）　*38, 39n, 69, 88, 90, 91n, 98, 131, 150, 161, 167*
　道徳的―　*132, 133, 133n*
感官（Sinn）　*42, 48, 69, 148, 150, 151, 158, 162*
感受的（pathologisch）　*38, 70*
感情（Gefühl）　*42, 43n, 49n, 62, 97, 100, 115, 117, 119, 131, 148, 166–168, 209*
　道徳的―　*60, 130–132, 133n, 166*
関心（Interesse）　*43, 43n, 54, 70, 110–112, 129, 136, 137n, 144–147, 147n, 166–172, 182, 212, 213, 215, 218, 219*
　経験的―　*132, 146, 147*
　実践的―　*70*
感性（Sinnlichkeit）　*17n, 48, 57n, 99, 101n, 133, 135, 145, 149, 151, 153n, 155, 156, 161, 162, 166–170, 217, 219*
感性界（Sinnenwelt）　*23n, 141, 141n, 149–155, 155n, 157, 161–165, 168–171, 216*
完全性（Vollkommenheit）　*60, 107, 130, 132–134*
　道徳的―　*58*
願望（Wunsch）　*26, 27n, 50, 55, 64, 103, 156*
＊寛容（Toleranz）　*190, 191n*
技芸（Kunst）　*29*
気質（Temperament）　*23, 25n, 36, 119n*
規準（Kanon）　*8, 94, 95n*
規則（Regel）　*16, 28, 51n, 70, 76, 77n, 86, 108, 109n, 124, 128, 134, 135, 151*
　実践的―　*12, 81n, 86*
　道徳的―　*135*
義務（Pflicht）　*11, 15n, 16, 32–40, 33n, 35n, 39n, 43–48, 45n, 49n, 50, 51, 53–56, 55n, 62, 63n, 64, 66, 69n, 70, 87, 87n, 88–90, 89n, 91n, 92–94, 96, 97, 97n, 107, 107n, 110, 112, 115, 117, 126, 127n, 153, 155, 160, 167, 184, 185n, 188, 190, 191n, 196, 205–208, 216*
　完全―　*88, 89n, 91n*
　不完全―　*88, 93n*
逆説（Raradoxon）　*124, 125, 125n, 192*
客観（Objekt）　*8, 27n, 78*
客観的（objektiv）　*13n, 25n, 40, 41, 45n, 57n, 67, 68, 70–72, 73n, 76, 81, 82,*

事項索引

引照箇所を指示する数字は、本訳書の頁数である。項目の前に＊印があるのは、「啓蒙とはなにか」に中心的に表れる項目であることを示している。また、頁数の横に「*n*」という文字があるのは、引照箇所が当該頁の訳注にあることを示している。

あ　行

愛（Liebe）　*33, 93, 106*
　自己―　*42, 54, 90, 91, 99, 111*
　人間―　*55*
＊あえて賢くあれ（sapere aude!）　*177*
悪（Böse）　*63, 83, 121, 205*
悪人（Bösewicht）　*26*
ア・プリオリ（a priori）　*9, 11, 12, 14, 16, 21n, 38, 56–59, 61, 62, 64, 74, 83–85, 85n, 87n, 96, 98, 100, 101, 128, 136, 141, 142, 148, 150, 155, 156, 157n, 158, 167, 198, 202, 212, 215, 217*
ア・ポステリオリ（a posteriori）　*16, 38*
意志（Wille）　*8, 12, 14–16, 15n, 23, 24, 26, 27, 27n, 29n, 30, 35n, 37–44, 39n, 46, 47, 54, 56–58, 67–72, 67n, 69n, 73n, 75n, 76, 78–80, 82–85, 85n, 87, 88, 92–97, 100–104, 108–112, 109n, 114, 115, 115n, 117, 117n, 119n, 120–122, 124, 126–130, 127n, 132–136, 139, 140, 142–145, 143n, 148, 152–158, 159n, 161–170, 188, 205, 207–214, 209n, 216–218*
　神聖な―　*70*
　善い―　*21n, 23–26, 23n, 25n, 30–32, 47, 70, 72, 98, 119n, 121, 122, 126, 133, 135, 136, 140, 157, 205, 212, 217*
　悪い―　*157, 205*
意識（Bewußtsein）　*42, 62, 145, 150, 151, 154, 157, 161, 162, 164, 165, 168, 172, 217*
意志作用（Wollen）　*13n, 26, 38, 39, 39n, 41, 41n, 47, 71, 76, 78, 85, 85n, 101, 102, 110, 122, 127, 129, 134, 135, 145, 157, 162, 206, 217*
意図（Absicht）　*26–28, 30–32, 34, 38, 39n, 49, 55, 64, 65, 72–76, 78, 84, 91, 92, 106, 132, 156, 167, 206*
嘘（Lüge）　*11, 44–46, 106, 129, 200, 201*
演繹（Deduktion）　*141, 142, 143n, 156, 172*

か　行

快（Lust）　*100, 167*
＊改革（Reform）　*180*
快適（angenehm）　*41, 69, 70, 90, 132, 146*
価格（Preis）　*33, 98, 99n, 115, 116, 117n, 118, 211*
＊学識者（Gelehrte）　*182–185, 183n, 187, 190*
確信（Überzeugung）　*56, 57n, 63, 168, 184*
＊革命（Revolution）　*180*
学問（Wissenschaft）　*7, 8, 10, 14,*

マ 行

マイヤー，G. F.　*41n, 127n*
マリア・テレジア　*77n*
メルク，J. H.　*133n*
＊メンデルスゾーン，M.　*193*

ラ 行

ライヒ，K.　*113n, 203n*
ランベルト，J. H.　*197*

人名索引

引用箇所を指示する数字は、翻訳書の頁数である。項目の前に＊印の付されている人名は、カント自身が言及しているものである。他は、訳注あるいは解説で言及されているものである。また、頁数の横に「*n*」という文字があるのは、引用箇所が当該頁の訳注にあることを示している。

ア　行
アーノルト，E.　*153n*
アリストテレス　*31n*
アリソン，H. E.　*21n, 141n*
犬竹正幸　*19n*
＊ヴォルフ，Ch.　*13n, 14, 15n, 16, 17n, 43n, 69n, 127n, 203*
ウッド，A.　*87n, 89n, 105n, 109n, 125n*
エーベルハルト，J. A.　*21n*

カ　行
ガルヴェ，Ch.　*43n, 202, 203*
カール六世　*77n*
キケロー　*113n, 202*
キューン，M.　*203*
クセノフォン　*77n*
クルージウス，Ch. A.　*69n, 71n, 79n*
クレメ，H.　*13n, 21n, 39n, 41n, 43n, 51n, 77n, 113n, 127n, 141n, 147n, 203n*
グロティウス，H.　*89n*
ケーラー，J. D.　*79n*

サ　行
シェーネッカー，D.　*213*
スミス，A.　*25n*
＊ズルツァー，J. G.　*63, 65n, 89n, 197*
ゼンセン，O.　*210, 211*
＊ソクラテス　*47, 49n, 77n*

タ　行
ツェルナー，J. F.　*177n*
ディオゲネル・ラエルティオス　*7n*
テーテンス，J. N.　*21n*
トマジウス，Ch.　*89n*

ハ　行
ハーマン，J. G.　*196, 201, 202*
バウム，M.　*201n, 203n*
バウムガルテン，A. G.　*17n, 19n, 71n*
＊ハチソン，F.　*132, 133n*
ハルテンシュタイン，G.　*135n, 143n, 153n, 161n*
ハルトクノッホ，J. F.　*201*
ヒンスケ，N.　*77n*
フォアレンダー，K.　*65n, 109n, 119n*
フィヒテ，J. G.　*79n*
プーフェンドルフ，S.　*89n*
フェーダー，J. G. H.　*202*
プラトン　*29n, 63n*
＊フリードリヒ二世　*65n, 181n, 190*
ペイトン，H. J.　*219, 221*
ヘルダー，J. G.　*196, 197, 202*
ホラティウス　*179n*

訳者紹介

御子柴善之（みこしば　よしゆき）

1961年生まれ。早稲田大学大学院文学研究科博士後期課程満期退学。現在，早稲田大学文学学術院教授，日本カント協会会長。著書に『自分で考える勇気――カント哲学入門』（岩波ジュニア新書），『カント哲学の核心――『プロレゴーメナ』から読み解く』（NHK ブックス），『カント 純粋理性批判 シリーズ世界の思想』（角川選書）など。

ISBN978-4-409-03118-6 C1010

道徳形而上学の基礎づけ

二〇二二年一二月二〇日　初版第一刷印刷

二〇二二年一二月三〇日　初版第一刷発行

著　者　イマヌエル・カント

訳　者　御子柴善之

発行者　渡辺博史

発行所　人文書院

〒六一二-八四四七

京都市伏見区竹田西内畑町九

電話〇七五(六〇三)一三四四

振替〇一〇〇〇-八-一一〇三

印刷所　創栄図書印刷株式会社

装　丁　間村俊一

カンタン・メイヤスー著／千葉雅也、大橋完太郎、星野太訳

有限性の後で 偶然性の必然性についての試論

この世界は、まったくの偶然で、別様の世界に変化しうる。人文学を揺るがす思弁的実在論、その最重要作。

二四二〇円（本体＋税10％）

カトリーヌ・マラブー著／平野徹訳

明日の前に 後成説と合理性

カント以降の哲学を相関主義として剔抉し、哲学の〈明日〉へ向かったメイヤスーに対し、現代生物学の知見を参照しつつカント哲学の読み直しを試みた注目作。

四一八〇円（本体＋税10％）